ずるい不動産投資

手間暇かけずに

毎月50万円の家賃が入ってくる
築古区分マンション投資入門

坂本慎太郎

東洋経済新報社

はじめに

私は株式評論家として活動をしており、株式投資に関する著書を何冊か上梓しているほか、ラジオやテレビ、雑誌などのメディアにも出させていただいています。

子供の頃から株式投資に興味を持って勉強していましたが、それと同じくらいほかの投資も調べていました。不動産投資に関しても、書籍を読んだり、成功者に話を聞いたりして、それなりに知識を身につけていたと思います。

ですが、どんな投資にも当てはまるかと思いますが、実践を伴わない知識をもとに緻密な計画を立てたとしても、いざ実際に行動すると、見落としていたことに気がついたり、予想もしなかったことに遭遇します。

私の最初の不動産投資についてもそうでした。

当時はかんぽ生命に勤めており、比較的多額の融資を受けられるという与信があったので、昔から興味があった不動産投資を行ってみよう、と考えました。融資を受けて、最初に購入したのは都内にある中古のマンションです。融資が受けられるとはいっても何億円も借りられるわけではないので、マンション一棟ではなくその中の一室を購入し、晴れて不動産物件のオーナーになったのです。

家賃収入は入ってきたのですが、融資を受けて中古物件を購入したので、借りたお金を返済する必要があり、結局、毎月の利益はほとんどなかったのです。また、不動産物件を所有していると、毎年固定資産税を支払う義務があります。残ったわずかな利益からそれを支払うと、マイナスではありませんがほとんど利益が手元に残らなかったのです。

そうなると、せっかく多額の融資を受けて物件を購入し、不動産投資をスタートさせた意味がありません。きちんと調べて不動産投資をスタートさせたつもりなのですが、実際にやってみるとほとんど利益を得られなかったのです。

ほったらかして毎月50万円の利益を手に入れる方法を見つけた！

そこで私は不動産投資について改めて勉強し、自分なりの不動産投資のやり方を模索しました。いくつかの失敗を経験し、10年以上にわたって試行錯誤して、現在ではある程度自分のスタイルを確立できてきたと自負しています。

それが本書のテーマである「築古《ちくふる》区分マンション投資」です。

不動産投資というと、億円単位の融資を受けてマンション一棟を購入したり、また流行りの空き家投資を連想する方もいるかと思いますが、私が実践している不動産投資はそのどちらとも違うものです。

私は、地方の築30年ほどの築古区分マンションを現金で購入して賃貸に出しています。このやり方で、現在では毎月50万円ほどの家賃収入があります。最初の物件のように融資を受けていないので、家賃収入のほとんどを利益として計上しています。

著者の不動産投資実績

物件所在地	物件価格（含リフォーム代）	家賃	表面利回り	実質利回り
東京都中央区	1900 万円	12 万 4259 円	7.9%	6.1%
北九州市八幡西区	440 万円	5 万 4000 円	14.8%	9.6%
北九州市八幡西区	578 万円	6 万 3000 円	13.1%	9.2%
北九州市戸畑区	580 万円	7 万 9000 円	16.3%	13.2%
福岡市東区	860 万円	6 万 7000 円	9.4%	6.0%
福岡市東区	970 万円	7 万 7000 円	9.5%	6.6%
合計	5328 万円	46 万 4259 円	10.5%	7.6%

また、最初に声を大きくして伝えておきたいのですが、**私が実践している築古物件投資では、物件購入後はほぼほったらかしでOKです。**

自己資金で購入できる利回りの高い物件を選ぶ際に、情報収集や判断は必要です。ですが、購入した後は、リフォームから、入居者募集、そのあとの管理まで、専門の業者に依頼するので、自分でやることがほぼありません。

もちろん、管理会社などの業者との付き合いをきちんと行う必要があります。優良物件の選び方だけでなく、そうしたポイントを含めて、私の経験談も交えながらまとめたのが本書です。

私が経験した失敗やトラブルも隠さず書いたの

で、読者のみなさんは同じような失敗をせず、できるだけ最短距離で成功していただけると思っています。

株式投資家の目線で考えた不動産投資家が「ずるい！」と思う投資法

また、**私は株式投資の評論をしているので、自分の考え方のベースとなっているのは株式投資の考え方や価値観です。**ですので、最初の物件を購入するときから、私は株式投資家の目線で不動産投資について考えていました。

- □ **すべてを費用対効果で考える**
- □ **リスクをできるだけ抑える**
- □ **売却を含めた出口戦略を考える**

私の考え方を知り合いの不動産投資家に話すと、このような言葉が返ってきました（括弧内は私の心の声です）。

「融資を受けたほうが早く保有物件を増やせますよ」（↑リスクを取りたくない）
「自分でリフォームしたほうが安いですよ」（↑労力と時間をかけたくない）
「ほったらかして儲けるなんて、ずるい投資法ですね」（↑褒め言葉だよね）

多額の融資を受けているメガ大家や、空き家物件のリフォームを自ら手掛ける大家など、不動産投資をメインにしている人たちには、ウケがよくありません。
ところが、同じ話を株式投資家にすると、違った言葉が返ってきます。私の考え方に納得してくれるのです。

「自分で物件の管理をしなくてもいいなら、始めようかな」
「リターンが少ないけど、リスクは低いですね」
「初期費用がかかるけど、10％の利回りなら10年で回収できますね」

もちろん不動産投資家もコストやリスクの管理をしていますが、株式投資家ほどシビアに考えていないように思います。あまりシビアに考えすぎると、王道の投資法を実践するための多額の融資を引き出せないのかもしれません。

ただ、**私の最初の物件がそうであったように、不動産投資で失敗するのは、利回りを厳密に計算していない、物件を割高な価格で購入してしまう、というように、コストに関しての意識が甘いケースが非常に多く見られます。**

本書では、そのようなことも交えて解説しています。**不動産投資に興味があるけど、多額の融資を受けたくない、できるだけ労力と時間をかけたくないなどと思っている人に読んでいただければ、納得することがいろいろと出てくるかと思います。**

まずは7つの成功法則を覚えよう！

私が実践する築古物件投資を成功させるために、ほかの不動産投資との違い、利回りの高い物件の選び方、費用対効果の高いリフォーム、物件の管理を業者に任せる方法、出口戦略など、それぞれ覚えてほしいコツがあります。

本書では、それらを50項目に厳選して詳しく解説しますが、その中でも私が特に重要だと考えるものが7つあります。

その7つを、序章に「7つの成功法則」としてまとめましたので、まずはここを読んで、私が重要視している考え方を理解していただければと思います。

ベースとなる考え方を理解していただけたら、各章で解説している50のテクニックを1つずつ読んでください。本書を読み終わったころには、築古物件投資についての考え方から具体的なテクニックまでを理解できるでしょう。

あとは実践あるのみです。私と同じように、あなたが毎月50万円の家賃収入を手に入れることを願っています。

Contents

はじめに

Prologue

7つの成功法則！

Chapter 1

ずるい不動産投資

Chapter 2

優良物件を見つけるコツ！

Chapter 3

優良物件を割安で手に入れるコツ！

Chapter 4
最小の投資で最大の家賃を得るコツ！

Chapter 5 プロに任せてしっかり稼ぐコツ!

Chapter 6

10年で投資資金を回収するコツ！

*本書は、不動産投資をする際の参考となる情報提供を目的に、著者が自らの経験および独自に調査した結果に基づき執筆したものですが、確実な利益を保証するものではありません。不動産売買や投資に関する最終決定は必ずご自身の判断で行ってください。

Prologue

7つの成功法則!

成功法則1

すべてを費用対効果で考える！

まず意識していただきたいのは、**できるだけ自分の労力や時間を使わず、効率的に投資を行う**ということです。

不動産投資をスタートさせて、実際に物件を購入すると所有欲が満たされ、自分で管理したくなってしまう方もいるでしょう。また、コスト削減を目的として自分でリフォームしようと考える方もいるかと思います。

ですが、そこで一度思いとどまってよく考えてください。

投資とはあくまで自分の資産を使って利益を得ることであり、自分が働いて利益を得るのは労働なのです。

物件の管理やリフォームなど、できるだけ人に任せられる部分は業者に任せましょう。費用対効果をよく考えて、手数料を払ってでも自分の時間を確保してください。

もちろん、物件やエリアをリサーチするときに、情報を集め、その物件が投資対象として適格かどうか判断するなど、重要なことは他人に任せず自分で行動する必要があります。

費用対効果で考えるのは、物件を購入した後の段階です。 リフォームや客付け、物件の管理といった専門の業者がいる部分については、思い切って任せてください。

利益を得ることと、自分の自由な時間を確保することを両立させることが、本当の投資だと私は考えています。

↓詳しくは第1章

成功法則2

利回り10%以上を必ずキープ！

物件選びのポイントはいくつかありますが、その中でも重要なのが利回りです。投資なので利益を得られなければ意味がありません。本書で私が勧めているのは築《ちく》古《ふる》区分マンション投資ですが、**目安となるのは表面利回り10%という数字です。**

利回りには賃料と物件購入価格とリフォームコストから計算する表面利回りと、物件の運用に必要な費用とコストを考慮した実質利回りがあります。コストが増える分だけ実質利回りが低くなるので、表面利回りで10%というラインを下回ってしまう物件は、いくら魅力的でも手を出してはいけません。

これにはきちんとした理由があります。それはＲＥＩＴ（不動産投資信託）の平均利回りが一般的に５～７%であり、**築古物件投資で表面利回りが10%を切ってしまうと、**

REITに投資したほうが効率的になってしまうからです。

せっかく自分で地域を探して物件を選び、現地調査を行って投資物件を購入するのですから、REITよりも高い利益を手に入れなければ意味がありません。

この表面利回り10%というのは最低ラインなので、もっと高い利回りを得るに越したことはありません。**本書では地域選びから物件の細かいチェックポイントまで紹介しているので、ぜひ高利回りのお宝物件を見つけてください。**

↓詳しくは第2章

成功法則3

交渉して物件を割安に購入する！

物件を探す際に、不動産物件が多数掲載されているウェブサイトを見ると、そこに売却希望価格が書かれていますが、これは絶対ではありません。**すべての物件が可能ではないですが、その価格は交渉次第でいくらでも安くすることができるのです。**

物件購入価格とリフォーム代の目安を計算し、物件がある地域の家賃相場からだいたいの利回りを計算することができます。

例えば、400万円で売りに出されている物件を調べた際に、「この物件を350万円で購入することができれば、利回り最低基準をクリアすることができるのになあ」ということがよくあります。そうした場合には、ダメ元で希望価格を提示して交渉してみてください。

いきなり「350万円で購入したい」などと希望価格を伝えると、印象が悪くなる

可能性があるので、気になる物件があったら何か月かウォッチしながら、その地域の業者に物件の状況を聞くといった情報収集を行うなど、用意周到に行動しながら、売れなそうなタイミングで価格交渉を行うとよいでしょう。

もし狙っている物件が売れてしまったり、希望価格で買えない場合は潔くあきらめましょう。**物件は多数ありますので、高い利益を得られる物件を希望価格で購入できるまで待つのが正解です。**

↓詳しくは第3章

成功法則4

客付けが有利な物件の条件を知る！

私がお勧めする築古物件投資では、基本的に地方で物件を探します。ここで気をつけていただきたいのは、**「都会と地方では客付けがよくなる条件がまったく異なる」**ということです。

例えば都会では、電車やバスなど公共交通機関が発達しているので、自動車を持たなくてもそこまで不便ではありませんし、実際に自動車を所有していない家庭も多くあります。

ですが、**地方ではそれほど公共交通機関がないので、基本的に車社会であり、自動車を1人1台所有するのが当たり前のようになっています。**

すると、**部屋を借りようとする人から見て、駐車場の有無はとても重要になってきます。**重要というよりも、駐車場がない物件はそもそも選択肢に入らないことが多く

なってしまうのです。

また、**もしペット可の物件に出会えたら優先的に検討するといいでしょう。**築古物件ではペット可の物件が少ないのですが、最近ではペットの需要が高まっているので、需給バランスを考えると、家賃も高くできる上に客付けがよいという優良物件になるのです。

このように客付けがよくなる条件を知っておくのが物件の選び方のポイントです。

↓詳しくは第3章

成功法則5

リフォームは生活できるレベルで十分！

築古物件を購入してから、客付けをする前にリフォームする必要があります。ここで気をつけていただきたいのが、**リフォームにお金をかけ過ぎない**ということです。

不動産投資を始めたばかりの人や、うまくいっていない人が陥りがちな罠として、リフォームにコストをかけ過ぎているということがあげられます。綺麗な設備で整えれば、きっと気に入ってくれる人が出てくるに違いない、と考えてしまいがちではあるのですが、実はそうではありません。

具体的な判断基準は、自分が住みたいようにリフォームするのではなく、故障している電気の配線を修理する、破れている壁紙を張り替えるなど、生活するのに支障が

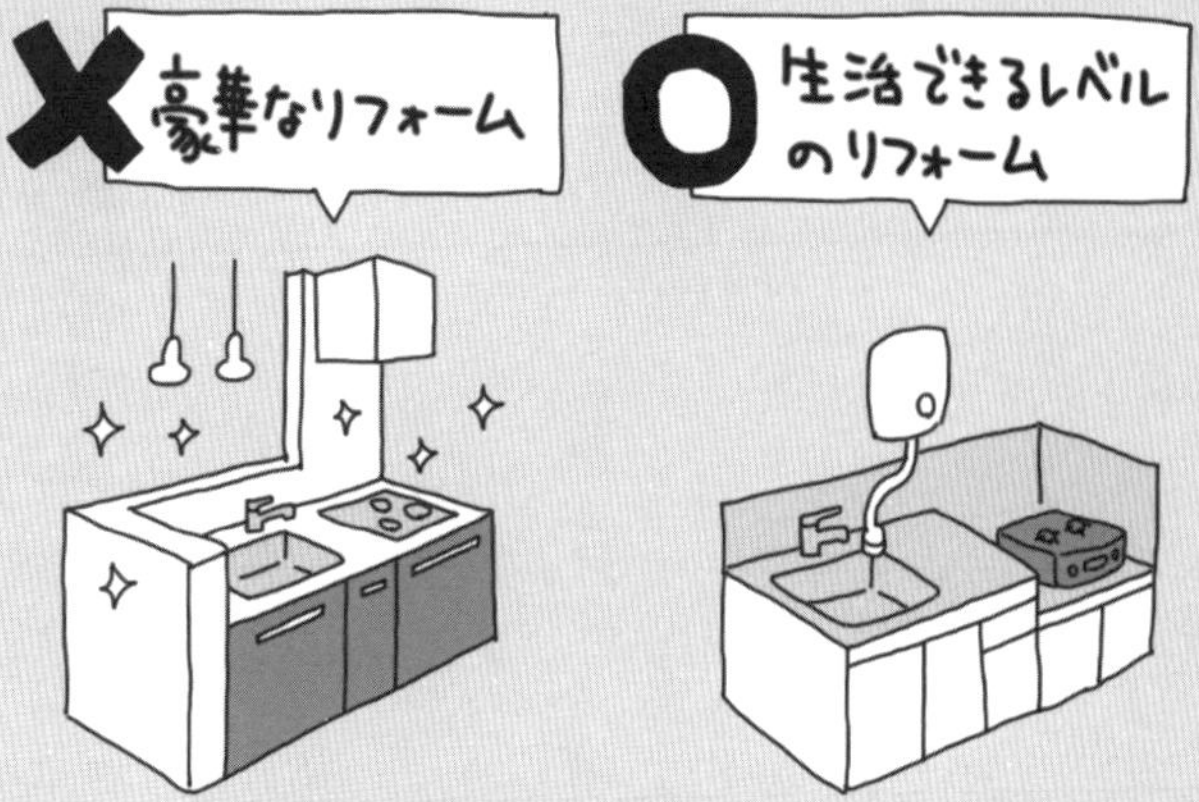

最新設備より…ポイントは「適正な家賃」

ないリフォームを行うということです。

失敗しがちなパターンは、こういう設備がほしい、こういうリフォームにするといいだろう、と自分の基準で判断してしまうことです。

地方の築古物件を賃貸で探す人は、そうした設備よりも家賃で判断する層が多数です。最新のキッチンが入っていることよりも、家賃が適正かどうかで考えるのです。

自分が所有する物件のクオリティを上げたくなる気持ちも理解できますが、投資なのでシビアな判断をしてください。

↓詳しくは第4章

成功法則6

信頼できる業者を見つける！

自分が物件のオーナーになると、毎月家賃を支払ってくれる入居者には感謝の気持ちが芽生えることもあるでしょう。

もちろんそうした気持ちは大事ではあるのですが、**オーナーとして大事にするべきなのは、入居者ではなく、不動産業者ということを肝に銘じてください。**

不動産業者といっても、1社だけではありません。物件を購入してから管理を継続するまで、さまざまな業者とのかかわりが出てきます。

物件の売買を仲介してくれる業者、リフォームの業者（さらにリフォーム内容によって複数の専門業者がいます）、入居付けを行う業者、物件の管理を行う業者など、それぞれの分野で経験とスキルを持った業者がいます。

重要なのは、こうしたそれぞれの分野で信頼できる業者を見つけ出し、その業者との円滑な関係を継続することです。

もし最初の物件を購入してから、次の物件の購入を検討しようと思った場合に、「この物件の購入を考えていて、購入したら御社に管理をお願いしたい」と管理業者に相談すれば的確なアドバイスをもらうことができます。

不動産物件を多数所有しているベテラン投資家ではない場合、信頼できる業者を見つけ出し、手数料を支払ってよりよい関係を築くことが成功する秘訣です。

↓詳しくは第5章

成功法則7

10年で初期コストを回収する！

私が自分で実践している築古物件投資では、**基本的に最大10年で元を取るという出口戦略がベースになっています。**

だいたいの目安ですが、利回りが10％取れていれば、10年で最初のコストを回収することができます。その時点で売却すれば、売却額がそのままキャピタルゲインとなります。もし希望価格で売れなそうなときでも、すでに初期コストを回収できているので、多少売却額を下げるということもできます。

これは所有した期間として最大でも10年ということなので、実際にはそれよりも早期に売却することもあります。**私はいくつか物件を所有していますが、賃貸に出しながら同時に売りに出しています。**

物件をすぐに売る必要がないので、この値段で売れたらいいな、という高めの値段

で設定しています。ですので、もしその金額で売れた場合にはキャピタルゲインを多く取れるので、投資として十分成功したことになります。

このように臨機応変に立ち回ることができるのは、最初の段階で高利回りの物件を選定して購入しているからです。

購入する際には物件の条件などに気を取られがちですが、売却も含めて最終的にどれくらいの利益を出したいのか、といった出口戦略も考えておきましょう。

↓詳しくは第6章

Chapter

1

ずるい不動産投資

01 ほったらかして利益を出す!

労力と時間は最低限に抑える

私は主に株式評論家として仕事をしていますが、実は10年ほど前から不動産投資をしています。当時は、かんぽ生命に勤めていたので与信があり、融資を受けやすかったので、不動産投資を始めるのに最適なタイミングだと判断しました。

融資を受け、頭金を入れて中古のワンルームマンションを購入したのですが、私が不動産投資をスタートするにあたって1つ決めていたことがありました。

できるだけ労力や時間をかけない。

昔から不動産投資にも興味があったので、株式投資の合間に不動産投資関連の書籍を読んだりと、自分なりに情報を集めたりしていました。そういった書籍では、不動産投資に関してのノウハウとともに、著者が経験したエピソードが書かれていることが多々あります。

よく出てくる例としては次のようなものです。

「リフォーム業者に頼まず、自分で壁紙を張り替えた」

「不動産投資のコミュニティのみんなにリフォームを手伝ってもらった」

著者の「ＤＩＹで動いてコストカットできた」という話が武勇伝のように書かれているのですが、私はそうしたエピソードを読んで違和感を抱いていたのです。

投資なのだから、すべてを費用対効果で考えるべきであり、自分はできるだけ動かずに利益を得るべきなのではないか？

投資とはあくまで「資産を使って利益を得る」ことであり、自分が働いて利益を得たらそれは「労働」なのです。

私は10年前に不動産投資を始めて、試行錯誤しながら現在も継続していますが、**「かける労力と時間は最低限に抑える」**ことを意識しています。

事前のリサーチが9割！

とはいっても、何も勉強せず、何も調べずに成功するほど不動産投資は甘くありません。私も今までに、調査不足で購入した物件になかなか入居が決まらず塩漬けになってしまったり、購入した価格より安値で損切りしたこともありました。

そうした失敗の経験から学んだことを生かし、今では物件に対して自分なりの判断基準を持つことができています。

これから本書で詳しく解説するように、**気になる物件が出てきたら、物件がある地域についてと、その物件自体を総合的にリサーチします。結果、その物件が投資対象として問題ない、と判断したら購入します。**

こうした一連のプロセスは、株式投資において銘柄をスクリーニングし、気になった銘柄を個別に調べて売買を判断する、ということとまったく同じなのです。

事前に徹底的にリサーチして購入を判断し、いざ物件を購入した後はほったらかしで利益が出る、というスタイルが私の理想です。

「購入した後に、リフォームや客付けが必要だし、入居者や設備のトラブルが起こったりすると手がかかるのでは？」と思われる方もいるかもしれません。

私は「費用対効果ですべてを考える」ようにしているので、そうした物件購入後のさまざまなイベントは「専門の業者に頼む」ようにしています。

例えばリフォームだったら信頼できるリフォーム業者に、入居者募集は専門の客付け業者に、トラブル対応などは物件管理の業者にお任せしています。

もちろん多少の打ち合わせと手数料は必要ですが、それを支払って得られる結果と、自分で行動して失う労力と時間を考えたら、外注してお任せするのが本当の意味での「不動産投資」だと私は考えています。

所有物件にかける時間はほぼゼロ

不動産投資を行っている人には2種類いると私は思っています。

「投資として割り切っている人」と「物件管理やリフォームが好きな人」です。

ここまで読んでいただいた方はおわかりのように私は前者なのですが、後者を否定するわけではありません。

時間に余裕があり、自分でリフォームしたりするのが苦でなければコストカットになりますし、自分で出来上がりを確認できるのでメリットもあるかと思います。

ただ、私の場合は株式投資やほかの投資、事業も手広く展開しているので、1つの投資にできるだけ手間暇をかけたくないと考えた結果、現在のスタイルに落ち着いたのです。

現在も複数の物件を保有し、毎月50万円ほどの家賃収入がありますが、所有物件に

かける時間はほぼゼロです。何かあったときには管理会社から連絡が来ますが、指示を出したり、報告を受ける程度で、それ以上の時間や手間がかかることはまずありません。

この考え方は、私だけに当てはまるというわけではありません。

普段は別の仕事をしている人や、株式投資をメインでやっているが、キャッシュに余裕があるので、あまり手がかからない投資を探している人にも当てはまると思っています。

すべてを費用対効果で考えて
最低限の労力と時間で稼ぐ。

02 融資を受けずに現金で購入する

不動産投資はミドルリスク・ミドルリターン

本書は、私が実践している不動産投資について詳しく解説しています。

株式評論家として仕事をしている私がなぜ、不動産投資の書籍を出そうと思ったかというと、本業の株式投資や株式評論家の仕事がうまくいかなくなってきたので、違う分野に進出しよう、と思ったわけではありません（笑）。その理由を、株式投資と不動産投資について比較しながらお話ししたいと思います。

不動産投資の収入には、大きく分けて**「キャピタルゲイン」**と**「インカムゲイン」**の2つがあります。

キャピタルゲインは、不動産の売却益です。

物件の購入価格やリフォーム代などのコストよりも高値で売ることができた場合の利益です。株式投資において、買った値段よりも株価が上昇したときに売れば、その差額が利益になるのと同様です。

インカムゲインは、いわゆる家賃収入です。

住居でしたら入居した人が払う家賃、駐車場でしたらそこを借りている人が払う駐車場代です。そこから手数料や管理費などのコストを引いたものが利益として手元に残ります。仕組みは違いますが、株式投資の配当と同じように所有しているだけで受けとることができます。

不動産投資も株式投資も、キャピタルゲインとインカムゲインという一見同じような仕組みでお金が入ってくるような印象を受けますが、それぞれの投資の性質は大きく違っています。

結論から言ってしまうと、**不動産投資は「ミドルリスク・ミドルリターン」であり、株式投資は「ハイリスク・ハイリターン」です。**

もちろん、株式投資もリスク管理や分散投資を行うことで「ミドルリスク・ハイリターン」に近づけることは可能ですが、基本的には「ハイリスク・ハイリターン」の投資とされています。

私が株式投資と並行して不動産投資を行っている理由はこの性質の違いです。

株式投資のリスクのうち大きなものは元本保証がないことです。株式評論家だからといって、将来の株価がわかるわけでもありませんし、私も個人投資家の方と同じように株価に一喜一憂することもあります。

一方の**不動産投資は、株価が暴落するように、物件の価格が秒単位で変動したり、短期間で大きく下がるということはありません。**

家賃も株価のように日々変動することはなく、毎月安定して入居者からの家賃収入が発生しますし、それによって先の収入をある程度把握することができます。

株式投資では、景気動向に業績が左右されにくいと言われているディフェンシブ銘柄であっても、市場全体が大暴落するときには影響を受けます。

株式投資家が、資金の一部は安定したものに振り分けたい、と考えるのでしたら、**投資資金をすべて株式に投入してポートフォリオの中でバランスを取るよりも、安定志向の資金は不動産に投資するのがよいだろう**、というのが私の考え方です。

不動産投資のメリットとデメリット

不動産投資について一般的にメリットとして言われているのは次のようなものです。

- **□ 融資を受けてレバレッジを利かせられる**
- **□ 不動産投資ローンを組む場合、団体信用生命保険（団信）に加入するので、生命保険や死亡保険として活用できる**

□ 相続対策として将来設計に組み込める

そのほか、私が評価しているのは、**インフレのリスクヘッジができる**ことです。日本国内の物価に関して、急激に大幅な物価上昇は考えにくいですが、それでも少しずつ上昇しています。万が一大幅なインフレになり物価が上昇すると、現金の価値が下がります。

その場合でも、不動産や貴金属のような実物資産（価格換算できるもの）の価値は物価とともに上昇するため、目減りせずに物価変動に強いという特徴があります。

もちろん不動産投資のデメリットもあります。主なものは次のようなものです。

□ 初期費用が必要

□ 金利上昇の可能性

□ （株式と比べて）相対的に流動性が低い

□ 空室時の収入減、家賃滞納などのリスク

□ 天災などの可能性

ただ、私の不動産投資では、このメリットとデメリットをそのまま受けてはいません。それはどういうことか説明しましょう。

築古物件を現金で購入する理由

私が取っている手法は**「築古《ちくふる》物件を現金で購入する」**ということです。

巷に流れている情報から判断して、不動産投資は融資を受けて物件を買うのが一般的なやり方だ、と思っている方も多いかと思います。

もちろんそれが王道なのですが、**私はあえて融資を受けずにキャッシュで築古物件を購入して賃貸に出し、インカムゲインを受け取っています。**

先にあげた不動産投資のメリットのうち、「融資を受けてレバレッジを利かせられる」という点がなくなってしまいますが、それはデメリットの「金利上昇の可能性」

を同時に打ち消すことにもなります。

また、「団信を生命保険や死亡保険として活用できる」「相続対策として将来設計に組み込める」というメリットは、別に不動産投資を使わなくても別のやり方で対策すればいいと考えています。

デメリットの「相対的に流動性が低い」「空室時の収入減、家賃滞納などのリスク」は物件を厳選して選ぶことでリスクを抑えられますし、「天災などの可能性」については不動産保険によって対応することが可能です。

融資を受ける王道の手法ではなく、築古物件を現金で購入して賃貸に出す。

03 外注業者をフル活用する

不動産投資には外注化の仕組みがある

不動産投資の特徴のうち、私が大きなメリットだと評価するのは**「作業を分担して外注化できる」**ことだと思います。

不動産業界には、物件の売買に関しては仲介業者、リフォームに関しては工務店やリフォームの各作業に特化した業者、入居に関しては客付け業者、入居者が決まってからは管理業者というように、専門の業者がいます。

本書の第5章で、私の経験談なども交えながら、不動産業者との上手な付き合い方を説明しますが、**不動産投資はそうした専門の業者に作業や交渉などを任せることが**

できます。

私は不動産投資に関してできるだけ時間と労力をかけないことはすでにお伝えしていますが、そういう考えのもとに実践できているのは、**不動産投資には、ほとんどのことを外注化できる仕組みがある**からです。

もちろん自分で判断する重要なポイントはあります。自分に合ったやり方を決めて、個別の物件について購入しても大丈夫かどうか判断する必要があります。

しかし、そこからが不動産投資の楽なところで、**物件を購入した後はある程度まで外注業者に依頼することが可能なのです。**

物件を購入した後は専門の業者に外注する。

04 保険をフル活用する

トラブルは保険でカバーできる

不動産投資の大きなメリットは、もう1つあります。それは**「トラブルに保険で対応できる」**ことです。不動産物件のオーナー用にさまざまな保険があるのです。主なものを紹介しましょう。

- □ 火災保険
- □ 地震保険
- □ 施設賠償責任保険
- □ 団体信用生命保険

□ 家賃保証会社

最初の2つに関しては、文字どおり火災または地震による被害を受けたときに、その損害を補償してくれる保険です。

昔よりも異常気象が増えている現在では、いつ物件が天災の被害を受けるかわかりません。火災保険の中には、特約によって洪水や台風による被害にも対応してくれるものがあります。

施設賠償責任保険とは、自分が所有する建物の欠陥や不備により他人に怪我などを負わせてしまった場合に、損害賠償を補償してくれる保険です。

不動産投資においては、自分が所有している物件の建物や敷地内にて、この建物の瑕疵《かし》などが原因で他人や物を損傷させてしまった場合に適用することができます。

例えば、老朽化していたマンションの外壁が剥がれ落ちて、通行人に怪我をさせてしまった場合などです。給水管が壊れて水が漏れてしまい、入居者の部屋や家具などを濡らしてしまった場合なども、特約をつけることで対応することができたりします。

団体信用生命保険とは、不動産投資ローンを組む人が入るもので、ローンの返済中に返済者が死亡したり高度障害状態になった際に、融資を受けた金融機関に保険会社からローンの残額が支払われるというものです。

私は基本的に融資を受けず、現金で物件を購入しているのであまり関係がないのですが、不動産投資ローンを組むときには団体信用生命保険に加入することが必須な場合もあります。

家賃保証会社は保険そのものではありませんが、あらかじめ家賃保証会社と契約しておくことにより、入居者が家賃を滞納した場合に保証会社からの支払いを受けられます。

また、最近では**「孤独死保険」**というものもあります。入居者が物件で孤独死してしまった場合などに、原状回復費用などが補償されるという保険です。入居者が自殺した場合にも対応することができます。

不動産投資にももちろんさまざまなリスクがありますが、このように保険によってある程度はカバーすることができるのです。

株式投資において、所有している銘柄の株価が下がったからといって、誰かが損失を補償してくれるなんていうことはないですよね。株式投資はハイリターンの可能性がありますが、その分ハイリスクということでもあります。

不動産投資も株式投資もそれぞれの特徴があり、一概に比較できるものではありませんが、それぞれの投資の特徴をよく理解し、メリットを最大限活用することが一番だと私は考えています。

さまざまなリスクを
オーナー用の保険でカバーする。

05 区分所有マンションに絞る

不動産投資のいろいろな種類

不動産投資にはいろいろなやり方があります。基本的には物件を購入し、貸し出すことで家賃収入というインカムを得るのですが、投資対象となる物件にはさまざまな種類があります。まずはどんなものがあるかを簡単に紹介しましょう。

●一棟アパート

木造や鉄骨造で建てられているアパートを一棟まるごと購入し、分けられている部屋をそれぞれ賃貸で貸し出します。新築でしたら融資を受けやすいですが、それに伴い物件の価格自体も高額になります。中古物件だと融資を受けにくいですが、高利回りの物件は新築同様に人気があります。

●一棟マンション

マンション一棟をまるごと購入し、部屋ごとに貸し出します。 主に木造のアパートと違い、マンションの構造はＲＣ造（鉄筋コンクリート造）、ＳＲＣ造（鉄骨鉄筋コンクリート造）、Ｓ造（鉄骨造）といった材料による分類があります。アパートよりも物件価格が高額になるので、一般的には多額の融資を受けて購入します。

●区分所有マンション

マンションを一棟購入するのではなく、分けられた部屋1室のみのオーナーとなり、賃貸に出します。 部屋ごとに区分されているので、物件の間取りはワンルームや３ＬＤＫというようにさまざまなものがあります。

●戸建て物件

いわゆる一軒家を購入し、必要に応じてリフォームしてから賃貸に出します。 比較的新しい物件から、古家や空き家など幅広い種類の物件があります。

そのほかにも広めの物件を複数の住人に貸し出す**「シェアハウス」**や、所有物件を会議室や撮影スタジオとして貸し出す**「レンタルスペース」**、宿泊を目的として貸し出す**「民泊」**などがあります。民泊については2018年に法律が施行され、細かい規則が設けられたので、設備を整える必要があります。

また、駐車場や貸し事務所、貸し店舗といった街中でよく見る物件も、所有物件を貸し出して賃貸収入を得るという形では同じです。

区分所有のメリットとデメリット

このように不動産投資には物件によってさまざまな種類がありますが、一般的に区分所有の物件が始めやすいと言われています。

その理由は**「管理が楽で、手がかからないから」**です。

区分所有マンションの場合、管理費と修繕積立金を毎月支払う必要がありますが、

それを支払っておけば基本的には何もすることがありません。共有部分の掃除や修繕は建物全体の管理組合が行ってくれます。物件を購入してオーナーになってからは、主に室内の管理をすればよいのです。

さまざまな不動産投資の中で、私は区分所有マンションに絞って投資を行っています。先に述べたように、私が不動産投資に本腰を入れるときに、まずは手間がかからないようにしよう、と考えました。なので、区分所有マンションが自分に向いているという結論になったのです。

また、区分所有の物件については、次のようなメリットもあります。

●比較的少ない資金で始められる

アパートやマンションを一棟買いするのに比べて、**一部屋のみなので購入価格が安くすみます。**資金がある方でしたら、融資を受けずに現金での購入も可能です。

●流動性が高い

同様に、アパートやマンションを一棟売買しようとすると買い手を見つけるのに時間がかかる場合がありますが、**一部屋のみだと需要が多いので、比較的ですが売却しやすいのが特徴です。**

●リスクの分散ができる

アパートやマンションを一棟購入すると、例えば天災などでその場所にダメージがあった場合や近辺の環境の変化などによって、一気に空室率が上がってしまうというリスクがあります。**区分所有だと、エリアを変えて物件を複数所有することが可能なのでリスクを分散することができます。**

逆にデメリットとしては、**金融機関からの融資を受けにくい、1件あたりの家賃収入が少ない**、といったことがあげられます。また、**1件のみの所有だと、その部屋に入居者が決まらない場合は収入がない**、というリスクもあります。

どんな投資にも、不動産投資の中のいろいろな種類にも、それぞれメリットとデメリットがあるのは当たり前です。**一番よくないのは、資金に余裕がある、営業電話にのってしまった、知人からお勧めされたからという理由で、物件の種類や特徴をきちんと調べずに手を出してしまうことです。**

自分の投資スタイルに合わせて物件を選ぶ。

06 築30年前後の築古物件に投資する

投資なので儲かる物件を選ぶ

区分所有マンションの中でも、私は**「地方の築古物件」**に絞って投資しています。

日本人は新しいもの好きと言われていますが、現在、不動産投資を目的として新築マンションを購入した場合は、月に何万円か赤字が出てしまう物件が多いというのが、物件を日々観察している私の印象です。

新築物件を投資対象から除外したとすると、必然的に中古物件を選ぶことになりますが、そこで気になるのが築年数です。

一般的に、**建てられてから5～10年以内の新しめの物件が「築浅《ちくあさ》」と呼ばれるのに**

対し、築20年を過ぎているものは「築古《ちくふる》」と呼ばれています。

築浅物件のほうが見栄えもいいですし、入居者も新しいほうがいいのではないか、と思われるかもしれませんが、まったくそんなことはありません。

きちんとポイントを押さえれば、築古物件のほうが安定して利益を手にすることができると私は考えています。

築古物件の中でも、私は築30年前後のものを中心に投資しています。

新築や築浅の物件を所有することが目的で、それで満足するならいいのかもしれませんが、**不動産投資は、あくまで投資なので、利益が出なければ意味がありません。**

築浅と築古のメリットとデメリットを比較して、私が築古物件を推す理由を説明したいと思います。

築浅物件のメリットとデメリット

築浅物件のメリットとして、建物自体が新しいことから**家賃を高く設定しても入居**

希望者が多いので客付けに苦労せず、空室リスクが低いということがあります。また、**金融機関からの長期融資を受けやすい**のもメリットかと思います。

その反面、築浅物件のデメリットとしては、やはり**物件価格が高い**ことです。

物件の仕入れコストが高ければ相対的に利回りも低くなるので、都心の物件では表面利回りが5％を切るものもあります。利回りが5％を切ってしまうのならば、それこそＲＥＩＴを買ったほうが稼ぐことができます。

つまり築浅物件の特徴として、空室リスクは低いが物件価格が高く利回りが取りにくい、ということがあげられます。

築古物件のメリットとデメリット

築古物件のメリットを見てみましょう。築浅物件とは反対に、**物件価格が低い**のがメリットです。

そもそも私は多額の融資を受けて購入する不動産をポートフォリオに入れることに

抵抗があり、自分に合った不動産投資は何か、と試行錯誤の末に築古物件投資にたどり着いたという経緯があります。

築古物件を余裕資金で購入した場合は、融資を受けていないので金利などの影響を受けることなく、不測の事態があったときでも物件を購入時の価格より安くなってもかまわないので売却すればいい、つまり**損切りという逃げ方があるので、比較的リスクが低い手法だと私は思っています。**

もちろん、デメリットもあります。その最たるものは物件が古いことにほかなりません。**築30年を超えているので、建物の至るところに老朽化が見られます。**

なので、**築古物件を投資対象として選ぶ際に1つの基準となるのが、現在も採用されている新耐震基準です。**これは１９８１年６月から施行されているので、２０２３年現在で築40年以内の建物であれば新耐震基準が適用されているかと思います。

新耐震か旧耐震か判断がつかない場合、「竣工日」などではなく、**「建築確認日」が１９８１年５月以前かどうかを確認してください。**これが１９８１年６月以降でしたら新耐震基準なので、まずは安心かと思います。

中古マンションの築年帯別平均価格

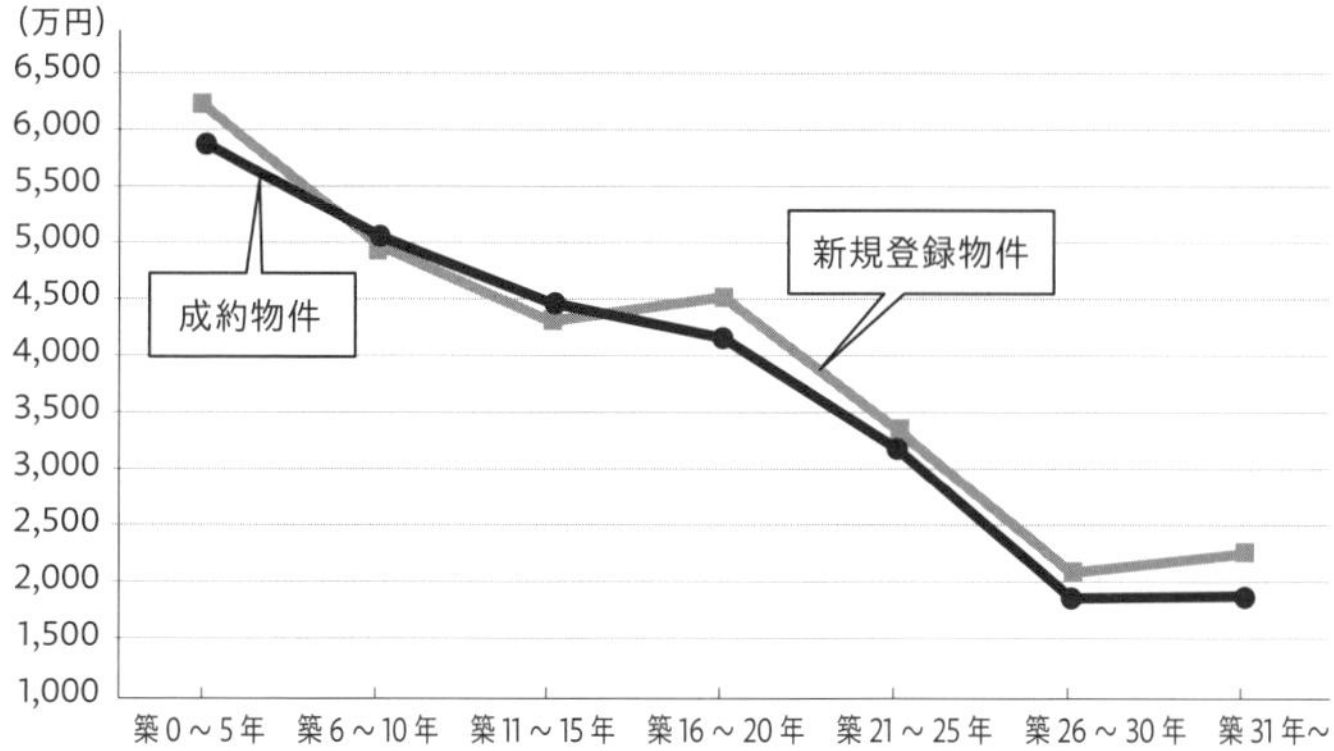

(出所) 東日本不動産流通機構「REINS TOPIC」

築古物件の価格は下がりにくい

築古物件の価格に関してデータを紹介しましょう。

東日本不動産流通機構が毎年発表している「築年数から見た首都圏の不動産流通市場」というレポートによると、**築30年を過ぎたあたりで物件価格が下げ止まる**というデータがあります。

中古マンションの成約状況と新規登録状況の２つでそれぞれ平均価格が算出されているのですが、築26~30年がそれぞれ１８８４万円と２１０７万円であるのに対し、築31年を過ぎたものは１９０４万円と２２７５万円と、築30年までを境にして下げ止まるどころか少し上向いています。

つまり、先ほど何かあったときでも物件を損切りすればいいと言いましたが、築30年を過ぎると物件価格がそもそも下げ止まっているので、**何かあっても購入価格よりもそれほど安くない金額で売却できる、という安心感があります。**

また、物件価格が安いということは、利回りが高い物件が多いということでもあります。第2章で詳しく触れますが、築古物件だと表面利回りが10%を超えているものがあります。

築古区分マンション投資は高利回りが期待できる。

07 選択肢の多い物件に投資する

築古物件のメリットは数の多さ

築古物件のメリットとして、そもそも物件価格が安く、値崩れしにくいということを説明しましたが、私が築古区分マンションに投資する理由がもう１つあります。それは物件の数が多い、つまり選択肢が多いということです。

先ほど紹介した「築年数から見た首都圏の不動産流通市場」によると、２０２０年に新規登録された中古マンションのうち、**築31年以上経ったものは全体の43・2%**にもなっています。

一方、**建てられてから5〜10年以内の築浅物件は、数自体が多くありません。**

中古マンションの築年帯別構成比率（新規登録）

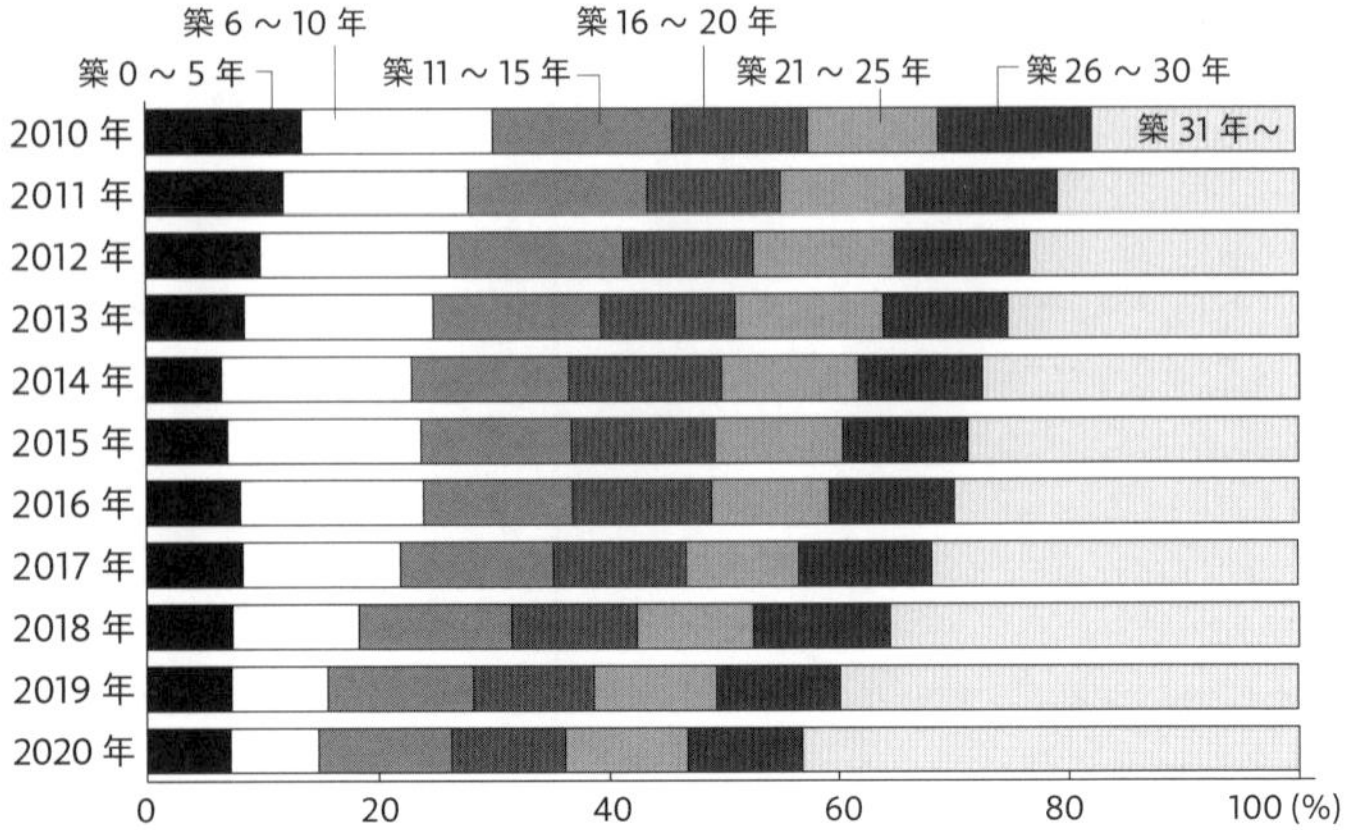

（出所）東日本不動産流通機構「REINS TOPIC」

また、築浅物件は築古物件に比べて立地が悪いことが多いです。築浅物件は、建物や設備はもちろん新しくて魅力的なのですが、よく考察してみると交通アクセスが悪く不便、周辺環境がよくないので騒音が大きい、日当たりが悪い、治安がよくないといったことがあるのです。

築古物件が建てられた時期は、あくまでも現在との比較ですが、土地の選択肢が多かっただろうと推測されます。そうすると、当たり前ですがよい条件の場所を選ぶと思いますし、立地条件のよい場所から埋まっていきます。つまり、**築古物件のほうが立地条件がよ**

いことが多いのです。

新しめというだけで入居する人は確かに一定数いるのですが、住んでみて不便だったり環境が悪かったりすると、すぐに出て行ってしまう確率も高いのが実情です。

コロコロと入居者が入れ替わるよりも、安定した入居率を保つほうがよいと考えると、築古物件のほうが不動産投資として安定していると言えます。

物件数は多いが玉石混交

ただし、**築古物件は選択肢が多いのですが、利回りが高く安定した利益を得られる物件はごく一部です。**

誰も住まないような不良物件を掴んでしまうと、空室が続いてしまい利回りどころではありません。

優良物件を探すポイントは第2章で述べますが、**築古不動産投資では、多数ある物件の中から利回りの高いお宝を探し出すことが成功への近道**とも言えるでしょう。

株式投資も含め、どんな投資に関しても、何も調べず勉強もせずに儲かるものはありません。不動産投資においても同様で、マンションやアパートを一棟買いするメガ大家だとしても、勉強することは多々あります。

その中でなぜ私が築30年前後の築古物件を投資対象にしているかというと、**現金で購入すれば比較的リスクが低く、多くの選択肢の中から利回りのよい物件をきちんと選べば安定して利益を得る確率が高い**から、というのがその理由です。

選択肢が多い中から厳選して投資物件を選ぶ。

08 メガ大家を目指さない

不動産投資の王道とは？

10年前に私が初めて購入した物件は中古のワンルームマンションでした。現在のように自分のやり方が定まっていないこともあり、そのときは融資を受けて物件を購入しました。

この最初の物件を購入して家賃収入は入ってきたものの、融資を受けていたのでそこから返済する必要があり、返済がなかなか進まなかったのです。収支的にはマイナスではなかったものの、わずかに残った手残りも固定資産税を支払ってしまうとほとんどなくなってしまい、全体ではトントンになってしまう状況だったのです。

そこで私は、不動産投資で成功するために、不動産投資の成功者たちに話を聞くことにしました。

最初に話を聞いたのは、知り合いの「メガ大家」と呼ばれる人たちです。**その投資スタイルは、「物件数を増やしていく」という不動産投資の王道とも言えるやり方で、そのスケールを大きくしていきます。**

メガ大家と呼ばれる人たちは、アパートやマンション、一戸建て住宅などの賃貸物件を多数保有しており、家賃収入だけで生活している人も多くいます。

彼らの家賃収入は莫大なのですが、一方で銀行から多額の融資を受けています。例えば医者など社会的な信用がある人や、もともとある程度の資産を保有している人が多く、最初から融資を受けてアパート一棟を購入し、その一棟を担保にしてさらに融資を受けて次の一棟を購入していく、というやり方です。

ある知り合いは家賃収入が年間２億５０００万円もあるのですが、そのうち返済が２億円以上あるということでした。

多額の融資を受けて物件を購入し、家賃収入と融資返済とのサヤをインカムとして受け取るという手法は不動産投資の王道ですし、不動産投資の書籍やセミナーでもお勧めされています。

私も一時期メガ大家を目指そうと思ったことがあったのですが、いろいろと考えた結果、メガ大家の道を選びませんでした。

私がメガ大家を目指さなかった理由

メガ大家を目指さなかった理由は、私のポートフォリオの考え方にあります。

私は株式投資のほかにも、太陽光や外貨両替機などのビジネスに投資しています。それらを含めた**ポートフォリオのバランスを考えたときに、不動産が大きな割合を占めることに抵抗が出てきたのです。**

私が最初に中古のワンルームマンションを購入したときは、同時期に2つの物件を続けて買いました。それだけですでに4000万円ほどになり、ポートフォリオにおいてある程度の割合になりました。

メガ大家を目指すために、融資を受けてアパート一棟を購入すると、さらに比重が増えてしまいます。当時はＲＥＩＴの投信も持っていたので、これ以上不動産関連の割合を増やすのはバランスがよくないと判断しました。

どうしても私は、**不動産投資のために多額の融資を受けることに抵抗があったのです。**私のもともとの性格的なところと、当時は東日本大震災の直後でしたので、そうした状況が私の考え方に影響を与えていたのだろうと思います。

メガ大家以外の方法で王道を実践

メガ大家の道を選ばなかったからといって、不動産投資をあきらめたということではありません。私はメガ大家以外のやり方で、自分に合った不動産投資の手法を模索していきました。

まず前提として、家賃がなかなか上がらないという状況がありました。だとすると、**物件の購入価格をできるだけ安く抑えることが利益につながるのではないか**、という考え方に至りました。

第2章で詳しく解説しますが、**物件を購入する際に重要視するポイントの1つが利回りです。**利回りから考えると、都会の物件は物件価格が高額なため、家賃で高い利回りを見込むことができません。必然的に地方で物件を探すことになります。

不動産賃貸のポータルサイトを使い、私は地方の物件の相場や状況をリサーチしました。すると、築30年を超えた築古物件が比較的安価で多く出ていることに気がつきました。

これを現金で購入し、リフォームして貸し出せばそれなりのインカムが得られるのではないかと考え、実践し始めたのです。

築古物件は比較的安価なので、資金に余裕のある方でしたら、複数の物件を購入すること、つまり、**多額の融資を受けることなく、「物件数を増やしていく」という不動産投資の王道を実践することができるのです。**

私はこの築古区分マンション投資が自分に合っているとひらめき、この投資スタイルで不動産投資を進めて今に至っています。

安い物件を現金で購入して保有数を増やす。

09 激戦区のボロ戸建ては買わない

流行している「空き家投資」とは？

地方の築古物件を購入するというと、最近ブームになっている「空き家投資」と同じジャンルに入るのではないか、と思う方もいるかもしれません。

いま空き家は増え続けていて社会問題になっています。このことに目をつけた人たちが、**主に地方の空き家を格安で入手し、リフォームして転売したり賃貸で貸し出したりする**というやり方を広めました。

中には格安どころかゼロ円で入手できるケースもあります。

一方で、**空き家になっていたことから物件の傷みが激しい場合が多く、リフォーム代が高くつくというデメリットがあります。**想定を超えてあまりにもリフォーム代がかかり過ぎると、先のメリットもなくなってしまうことになります。

さらに、空き家として売られているものの中には、再建築不可の物件や、用途変更ができないという都市計画の制限を受けているものがあるので、土地の価値が低いという傾向があり、これらもデメリットになります。

もちろん私も、不動産投資についていろいろと調べていたので、こうしたやり方があるのは知っていました。

ですが、融資を受けることも多額の自己資金も必要ではないことから参入のハードルが低く、「ちょっとこれはレッドオーシャンだなあ」と思ったのです。

多くのプレイヤーが日本国内の空き家物件を取り合っているように思えたので、私がそこに入っていっても良い物件に巡り合える確率は低いだろう、と判断して空き家投資には参入しませんでした。

やっぱり築古物件がお勧め！

空き家投資に比べると、築古区分マンション投資では確かに購入コストは多くかかります。

しかし、例えば、**新耐震基準をクリアしている築古物件を選び、見栄えの良いリフォームを行うというようにポイントを押さえれば、客付けのしやすい物件にできるので、安定した家賃収入を得ることにつなげられます。**

また、空き家になっている物件にはそれなりの理由があることが多く、土地の価値が低いことが多いのですが、**築古物件の中には立地条件がよいものもちらほらとあります。**

立地条件がよいということは、地価が上昇すると物件の価値も上がります。そうなると、将来的に大きなキャピタルを得ることも可能です。

そうした優良物件を厳選していけば、築古物件投資はリスクを抑えて安定したリターンを得られる投資法として評価することができるのではないでしょうか。

築古物件投資は、自己資金がある人にとっては、空き家投資よりも低リスクで確実なリターンを得られると私は考えているので、ぜひお勧めしたいと思っています。

多くのプレイヤーがいる空き家投資は優良物件に出会える確率が低い。

Chapter 2

優良物件を見つけるコツ!

10 お宝物件を公開情報で探す

誰もが知ることのできる公開情報で十分

この章では、お宝物件の探し方について説明していきます。

最初にお伝えしたいのは、私は**「基本的に公開情報でしか探していません」**ということです。


公開情報とは、不動産物件サイトなどで、誰もが見ることのできる情報です。

不動産投資のベテランの中には、市場にたまにしか出てこない出物を狙うことや、クローズドのネットワーク内の情報を重要視している方がいます。そういった未公開物件を購入しないと儲からないかというとそうではなく、**一般的に公開されている物**

件の中で厳選していけば利益の出る物件は十分あるのです。

　株式投資においても、同じような考え方をしている人が見受けられます。一般にあまり知られていない情報が重要だと思っているタイプです。

　例えば、この企業はこういうものを開発しているからこれから株価が爆上げするだろう、といったやり方で銘柄選びをしています。

　その企業全体の売上が１０００億円や２０００億円規模という中で、注目しているサービスや商品の数年後の売上の目処が1億円や5億円程度というようなものが多く、確かにそうしたレベルの材料で株価が上がることはあるのですが、値上がりは一時的なものにとどまることが多いと感じています。

　そうした近視眼的な見方ではなく、企業全体の業績などをきちんと調べ、数年後を見据えた上で銘柄選びをするほうがよいと私は考えています。

不動産投資についても同様で、人脈やコネがなければかかわれないような物件ではなく、私は不動産サイトなどで調べれば誰もが知ることのできる情報から物件を選ぶ

ことをポリシーとしています。

具体的な物件探しについては、一般的な不動産サイトで十分です。

私が見ているのは、基本的にSUUMO（https://suumo.jp）がほとんどです。

投資用物件サイトを使わない理由

不動産投資について少し知識がある方はここで疑問を持ったかと思います。というのは、ＳＵＵＭＯはそもそも自分が住むための賃貸物件や購入物件についての情報サイトであり、原則的に投資物件の掲載は行っていません。

投資用物件が掲載されているサイトとしては、次のようなものです。

- □ アットホーム（https://www.athome.co.jp）
- □ 楽待（https://www.rakumachi.jp）
- □ 健美家（https://www.kenbiya.com）

SUMOと違って、これらのサイトでは物件が投資用として掲載されているので、その物件の利回りなどが最初から掲載されているのです。

確かに不動産投資をしている人たちは、投資用物件を探しているので、こうしたサイトを見ている人が多いです。

ただ、私は性格的に天邪鬼なところがあるので、**投資用として売られている物件を購入するのに抵抗がある**のです。投資用物件を探している人に対して、利回りなどをよく見せて売りつけようとしているのではないか、と考えてしまうのです。

利益が出ている投資用物件を売りたい理由とは何だろう？　というように投資家目線で考えるとどうでしょうか。通常で考えると売却する理由が見つからないと思いますし、将来的に伸び代がないので、この辺で誰かに売りつけたいと考えているのではないか、と感じてしまうのです。

その物件に住みたいという実需はあるかとは思いますが、収益用として売りに出されている物件はどうも抵抗があるのです。

新築ワンルームマンションの営業にも通じますが、「これは儲かる物件です！」とセールスされている物件に胡散臭さを感じてしまうのは、私のひねくれた性格が理由かもしれません（笑）。

それに対して、ＳＵＵＭＯの物件は投資用として掲載されているわけではなく、もともと実需で使われていた物件です。**実際に住んでいた人が何かしらの事情があって手放す、というような物件を、私は投資対象として選んでいます。**

ほかの人との差別化で利益を手にする

投資用物件が掲載されているサイトと違ってＳＵＵＭＯなどの一般的なサイトでは利回りが掲載されていませんが、気になる物件があれば、その地域の家賃の相場などを調べ、利回りがどのくらいになるかを自分で計算すればいいだけです。

物件価格とリフォームの目安を計算し、その地域の家賃相場を調べて表面利回りを出すという一手間が面倒に感じられるかもしれませんが、**その労力が投資というものにおいてほかの人との差別化で利益を手にすることにつながる**と私は考えています。

ＳＵＭＯに掲載されている物件だからといって自分が住まないといけないわけではありません。購入してからは自分が好きな用途に使うことができます。

投資用物件サイトに掲載されている物件ではなく、自分が住みたいと思う築古《ちくふる》区分マンションを購入し、リフォームしてから賃貸に出す、というのが私のやり方です。

一般的な不動産情報サイトで自分が住みたいと思う物件を探す。

11 利回り10%以下ならREITを買う

表面利回りと実質利回り

物件を選ぶ際に、一番重要視しているのが利回りです。投資なので、利益が出なければ意味がありません。私は、まずは利回りがよい物件をスクリーニングして、そこから個別の条件などを確認していく、という流れで物件を絞り込んでいます。

不動産投資における利回りを確認しておきましょう。

まず一般的な知識として、表面利回りと実質利回りというものがあります。

表面利回りは、物件の賃料収入をもとに計算される利回りのことです。家賃がどのくらい入るかを年間で計算し、物件の価格（購入価格や投資額）に対する利回り率を算出します。

計算式は次のようになります。

表面利回り＝年間家賃収入÷（物件購入価格＋リフォーム代）×１００

例えば、物件を３８０万円で購入し、リフォーム代に１２０万円かけて、家賃５万円で賃貸に出すとします。年間家賃収入は、５万円×12か月ですから60万円です。これらの数字を表面利回りの計算式に当てはめてみると、

60万円÷（３８０万円＋１２０万円）×１００＝12％

となり、表面利回りは12％とわかります。

一方の**実質利回りは、物件の家賃収入だけでなく、その物件の運用に必要な費用な**

どを考慮した利回りのことです。具体的には、修繕費用、税金や管理費用など、投資に必要な費用を考慮した上で数値を算出します。

計算式は次のようになります。

実質利回り＝（年間家賃収入－年間支出）÷（物件購入価格＋リフォーム代）×100

例えば、物件を380万円で購入し、リフォーム代に120万円かけて、家賃5万円で賃貸に出すとします。年間家賃収入は60万円、年間経費は10万円です。これらの数字を表面利回りの計算式に当てはめてみると、

（60万円－10万円）÷（380万円＋120万円）×100＝10％

となり、実質利回りは10％とわかります。

このように、**ランニングコストを入れた実質利回りは表面利回りより下回ります。**表面利回りは、物件の収益性を一定の条件で比較するための指標として用いられ、実質利回りは、表面利回りに比べて実際に得られる収益性をより正確に反映する指標となります。

表面利回りで10％を取れる地域を探す

物件を探す場合、まずは地域探しから始めてください。

首都圏は購入費が高いので、**自分の地元を含めて、土地勘のある地方で物件を探すことをお勧めします。そのあたりの家賃相場を調べて、最低でも表面利回りで10％取れる物件がある地域を探してください。**

もし地方に土地勘がない場合、全国の家賃相場などを調べて、同様に表面利回りで10％を取れる物件がある地域を見つけるところからスタートしてください。

物件を購入すると、購入費のほかにリフォーム代などのコストがかかります。また、運営を始めてからは、修繕積立金や管理費、固定資産税などのコストがかかります。**表面利回りで10％取れる物件なら、こうしたコストを支払って、実質利回りが7～8％くらいになります。私は、そのくらいの数字を最低ラインにしています。**

なかなかそうした優良物件がある地域が見つからないという方は、これはもう見つかるまで探してくださいとしか言えません。全国の地方を順番にあたっていけばどこかで条件に当てはまるところが出てくるはずです。

利益を得るために、この最初の地域探しの努力は絶対に必要です。

築古物件投資がうまくいかない、難しい、という意見は、この地域探しの壁に当たっているのではないだろうか、と私自身は考えています。

この壁を乗り越えた先に、安定した利益があると期待して探してみてください。

REITより低い利回りは意味がない

私が設定しているこの利回りですが、最低でも表面で10％としているのは理由があります。実質で７～８％程度になりますが、**これより下回ってしまうと、ＲＥＩＴ（不動産投資信託）と変わりがなくなってしまうからです。**

ＲＥＩＴとは、不動産会社や投資会社が、複数の不動産物件からなるポートフォリオを組成し、投資家から資金を募集して運用する仕組みです。日本では２００１年にＲＥＩＴ制度が導入され、現在では多くのＲＥＩＴが上場しています。

ＲＥＩＴの平均利回りは、時期や市況によって異なりますが、一般的には５～７％程度になります。つまり、実質利回りが、それを下回っているようでしたら、ＲＥＩＴを買ったほうがマシだからです。

築古物件に投資する場合は、物件を探す手間暇や、契約などの事務作業、管理も業者にお任せではあるものの、最低限のやり取りは必要です。たとえＲＥＩＴと同じ程度の利回りになったとしても、そうした労力を考慮するとＲＥＩＴより利益がマイナスになっている気分になるのではないでしょうか。

物件探しなどの行動をしている分、ＲＥＩＴよりも高い利回りを得られなければ意味がありません。

一番よくないパターンは、なかなかよい物件が見つからずに、表面利回りが10％を切っているような物件に手を出してしまうことです。表面利回りが最低でも10％を超えている物件に出会うまでは焦ってはいけません。

株式投資と同じように考えてみると、狙っていた銘柄を高値掴みしてしまったような状況ではないでしょうか。たとえどんな優良銘柄でも、高値で掴んでしまったら利益は出にくくなってしまいます。

最低でも表面利回り10％超の物件に出会うまで焦らない。

12 管理費と修繕積立金を見落とすな

管理費と修繕積立金が高い物件は利益が出にくい

物件選びで一番重要視するのはもちろん利回りです。利回りについての考え方はすでに触れましたが、表面利回りが高くても、実質利回りががくっと下がる要因として次のようなものがあります。

- □ 固定資産税
- □ 都市計画税
- □ （物件自体の）管理費
- □ 修繕積立金

□（管理会社への）管理手数料

□保険料

このうち、固定資産税・都市計画税は計算すれば金額を把握することができます。物件管理の手数料については家賃の5％が相場ですし、保険料は自分で選んだ保険に入っているのでこれらについても金額がわかります。

物件探しで重要なのは、残りの2つ「物件自体の管理費」と「修繕積立金」です。この2つが高い物件は、利回りが下がるので利益が出にくいです。部屋の広さが十分あって、駅から近くて駐車場がついているという条件がよい物件だとしても、この2つが高いものは候補から外しています。

「重要事項に係る調査報告書」を確認する

この2つを確認するには、マンション管理会社が発行している**「重要事項に係る調**

査報告書」を物件検討時に見せてもらいましょう。

この調査報告書には、調査依頼日や物件名などの基本的なことのほかに、次の項目が記載されています。

- **□ 毎月の管理費および修繕積立金**
- **□ 管理費、修繕積立金の滞納額（マンション全体と対象となる部屋）**
- **□ 管理組合の会計（修繕積立金の総額などが記載）**
- **□ 修繕工事の履歴**
- **□ 大規模修繕工事の予定**
- **□ 管理費や修繕積立金の値上げ予定**

管理費と修繕積立金の金額から利回りを計算した後に、**私が確認するのは、管理組合の会計の中での修繕積立金の総額、つまりいくらお金が残っているかという部分です。**物件によっては、お金があまり残っておらず、マンション向けのリフォームローンを使って借り入れているところもあります。

借り入れをしているからといってダメなわけではありません。住民からの修繕積立金が安定して入り、滞納率も低い場合はきちんと返済できると思います。

逆に、修繕積立金が残っていたとしても、築30年で一度もエレベーターの修繕工事を行っていない場合は、近いうちにエレベーターの修理代や更新代がかかるだろう、と推測されるので、総額があればいい、というわけでもありません。

判断基準があればいいのですが、これは本当に物件によってケースバイケースなので、仲介業者や管理会社に聞いて判断してください。

管理費や修繕積立金の値上げ予定については、私が今までいくつかの物件を所有してきた経験に限りますが、値上げはほとんどないと考えてよいでしょう。

というのも、反対する住民が多いからです。私が所有している物件でも、管理費や修繕積立金の値上げに関しての連絡が来ますが、やはり値上げは抵抗がある方が多く、実際に値上げしたところは今のところありません。

私はＳＵＵＭＯで物件を探していますが、物件紹介ページに「管理費や修繕積立金が何年からいくらになります」というように記載されているものがたまにあります。ただ、書いてあるものは少なく、重要事項説明書にだけ書いてあるパターンがほとんどです。

「長期修繕計画書」も要チェック

また、マンションの住人が修繕積立金や管理費を滞りなく支払っているからといって、安心するのはまだ早いです。

例えば、**設定されている修繕積立金や管理費があまりに低い場合は、私はその理由を疑ってかかるようにしています。**月々の負担を低く見せて物件をより売りやすくするために、管理会社が低めに設定していることが考えられるからです。

将来的に資金不足で大規模修繕ができなくなってしまうという事態を防ぐためにも、次のことを確認する必要があります。

- □ **修繕工事に必要な費用を長期修繕計画どおりにきちんと積み立ててきているか？**
- □ **今後、修繕費用が大幅に不足する可能性はないか？**

そこで必要になるのが、大規模修繕工事などの修繕計画について記された**「長期修繕計画書」**です。

大規模修繕工事は一般的に12年周期で行われます。マンションによっては修繕計画がずさんで、いざ工事を行うとき修繕積立金の総額が不足していて、先ほどお話ししたようにローンを組んだり、オーナーから一時金を徴収したりする場合もあります。

長期修繕計画書からマンションの現状と今後を推測することができますが、これから不動産投資を始めようとする方は知識的に難しいかと思うので、仲介業者や管理会社に疑問点を聞くのがよいと思います。

家賃収入だけを反映した表面利回りがよい物件を見つけると、高い利益を得られるように思いますが、そこは一度冷静に落ち着いてほかの情報を集めてみましょう。

よくよく調べてみると管理費や修繕積立金が高額なものや、今後の修繕計画に不安がある物件もあるので、そこまで含めて全体的に判断してください。

表面利回りだけで判断せず、管理費と修繕積立金も確認する。

13 自分の地元から攻める

地元は情報が集めやすい

これから不動産投資を始めてみようという方が最初に悩みがちなのが、「どこの地域で探せばいいか？」という疑問だと思います。

私がお勧めしているのは、「まずは自分の地元で物件を探す」というやり方です。東京で働いて生活している方でも、地方出身者の方には特にお勧めです。都心の物件は価格が高く利回りが低いので、まずは自分の地元で物件を探してみましょう。

自分の地元で物件を探すというやり方を勧めているのには理由があります。それは「情報を集めやすい」ということです。

なんだそんなことか、と思われたかもしれませんが、物件を購入する際の判断基準として、立地条件や周辺環境の情報はできるだけ多く集められるに越したことはありません。そのためには、**「慣れ親しんだ地元のほうがスムーズに情報収集できる」**というのは理解していただけるかと思います。

地元ならではの情報網

私が地方の築古物件にターゲットを絞ってから、まず目をつけたのが自分の地元である九州、中でも私の出身地である福岡を中心とした九州北部のエリアです。

このエリアで探し始めて、最初に購入したのは福岡市の物件でした。私が子供の頃から高校生のときまで住んでいた場所の近くに建っている分譲マンションでした。

出張で地元に戻ったとき、地元の友達と酒を飲む機会がありました。そのときの話で、このエリアは将来的に再開発になるだろう、という話題が出たのです。

福岡は空港が街中にあるので、航空安全を確保するために建物の容積率と建ぺい率、高さなどの規制があります。しかし、空港周辺の不動産需要が高まったり、再開発する際の建て替えなどのタイミングで規制が緩和されることがあるのです。

友人との会話で話題に出ていたエリアを中心に築古物件を探してみると、思っていたよりも物件価格が安く、利回りも10%が期待できました。

しかも、規制が緩和されるのであれば、建て替え後の土地と建物の価格が上がるのは目に見えています。今の時点で物件を購入して保有しておけば、将来建て替えのときに等価交換で新しい物件を手に入れることができるのではないか、と考えたのです。だいたい80～90平米くらいの物件で、買値が１０００万円程度の場合、その4倍程度にはなるのではないか、と見込んでいます。

建て替え需要はこれから伸びる

老朽化した分譲マンションが増加していることから、国としても建て替えを促すた

めに規制緩和を進めています。

例えば、建て替えの際に建物の階数を増やす「増床」というやり方があり、以前は１９８１年以前の旧耐震基準で建設された建物のみが増床可能でしたが、２０２２年度に施行された「マンション建替円滑化法の改正」によって、増床が認定される条件が追加されました。具体的には次の４つです。

- **□外壁の劣化**
- **□防火体制の不足**
- **□配管設備の劣化**
- **□バリアフリー未対応**

このうち1つでも該当すれば、建て替え時に増床をすることができます。10階建てのマンションが、建て替え時に12階建てになるイメージです。

基本的に増床した分はマンションの管理組合が不動産会社などに売却しますが、場合によってはこの増床分を購入することもできるかと考えています。

また、現在では建て替えには「すべての区分所有者の5分の4の賛成」が必要ですが、これも4分の3または3分の2に引き下げる案も検討されています。

いずれにせよ、老朽化したマンションが増えているので、国としても建て替えを促進していることは間違いありません。**建て替えの時期を正確に狙うことは難しいですが、それによる資産価値上昇を狙う手法は十分アリだと思っています。**

このような情報を手にするためにも、土地勘のある自分の地元で物件を探すというやり方をお勧めします。

現住所から離れていても土地勘のある出身地で物件を探す。

14 再開発情報にアンテナを張る

地方エリアの人口を調べる

前項で「自分の地元で物件を探す」ことをお勧めしました。ですが、都会出身の方もいるでしょうし、地元で探したけれどもなかなかよい物件がない、という方もいるかと思います。

ですので、属人的な条件ではなく、**公表データを活用するエリアの絞り方を紹介します。**

築古物件で利益を上げるためには、価格が安い物件を購入する必要があります。なので、都心部の物件はお勧めしません。東京を中心として、都市部のマンションは購入価格が上がっていますが、一方で家賃はあまり上がっていないので高い利回りを出しづらいからです。

そこで狙い目なのが地方エリアですが、どこでもいいというわけではありません。

□現在、多くの人が住んでいるか？

□将来、人口が増える可能性があるか？

この2つを確認しておく必要があります。

理想は、現在の人口が多く、今後の増加も期待できるエリアです。

単純に人が多く住んでいるエリアだったら、賃貸マンションの需要も高いため、空室リスクが低いです。

ですが、現在多くの住人がいるエリアだとしても、人口減少率が高いエリアだった場合、将来的に賃貸需要も下がることになりかねません。

人口が増加傾向にあるのか、それとも減少に転じるかは各都道府県や地方自治体が出している「人口動態」に関する資料を参考にしてください。

人口動態とは、ある一定期間における人口の変動のことを言います。厚生労働省が「人口動態調査」という名称で調査および公表しているほか、都道府県、保健所などの単位でも公表されています。

また、人口が増加傾向にある市区町村でも、10年後、20年後は人口が減少する可能性があるところもあります。

例えば、福岡県福岡市は２０２２年10月に人口増加率が日本一でした。ですが、福岡市の見立てでは、この先の人口は減少に転じると考えられています。その理由として、福岡市の住民の晩婚化、晩産化が進んでいることが挙げられます。

ですので、現在の福岡市は、人口が多く、増加傾向にあるからといって投資物件を購入しても、将来的に人口が減ってしまい、この地域の賃貸マンションの需要が全体的に下がるかもしれない、という認識は持っておいたほうがよいでしょう。

狙い目の地域とは？

「２０４０年問題」という言葉を耳にしたことがある方はいるかと思います。

２０４０年問題は、不動産投資を考えたときに切っては切れないので、まずはその問題について理解をしておきましょう。

２０４０年問題とは、少子高齢化が進み、65歳以上の高齢者の人口がピークになることで起こりうる問題の総称です。少子高齢化の問題は、介護や医療、労働力不足などの社会的な問題に留まらず、人口減少に伴って地方自治体の維持が難しくなり、全国で９００近い市区町村が消滅するという予測も出ています。

将来的に、所有しているマンションのある市区町村自体が消滅してしまう影響を受けて、物件から収益を得られなくなったりする可能性もないとは言い切れません。

また、２０２５年から２０３０年までの間に、９割以上の自治体で人口が減少するという予測もあります。

人口が増加すると予測されているエリアが理想ではありますが、実際にそうしたエリアは限られてくるので、**この先の人口減少が予測されていても、その減少が緩やかなエリアを探しましょう。**

私は次のことを確認しています。

そのエリアに再開発の計画があるか？

再開発が起きると、人口が増えるので、賃貸マンションの需要も見込まれます。

再開発と聞くと、東京や大阪といった都心部で超高層ビルが建設されるような、規模が大きいものを想像する人が多いかもしれませんが、**地方でも再開発の事例は多くあります。**

全国の住宅地の変動率 TOP10

順位	標準地番号	所在地	公示価格（円 /m^2）	変動率
1	北広島－1	北海道北広島市共栄町	5 万 9800 円	30.0%
2	北広島－4	北海道北広島市美沢	6 万 0800 円	29.4%
3	北広島－6	北海道北広島市東共栄	3 万 8500 円	29.2%
4	北広島－14	北海道北広島市北進町	6 万 9500 円	29.2%
5	江別－2	北海道江別市朝日町	1 万 1100 円	29.1%
6	江別－3	北海道江別市東野幌町	6 万 0000 円	29.0%
6	恵庭－9	北海道恵庭市恵み野東	3 万 2000 円	29.0%
8	恵庭－10	北海道恵庭市島松寿町	2 万 5800 円	29.0%
9	北広島－9	北海道北広島市白樺町	3 万 6500 円	29.0%
10	江別－1	北海道江別市向ヶ丘	4 万 2500 円	28.8%

（出所）国土交通省「令和 5 年地価公示」

例えば、2023年1月時点の土地の価格を調べた「地価公示」が同年3月に発表されました。全国ランキングのうち、住宅地の地価変動率の上位10位を北海道の場所が占めたのです。

特に上位4位までを北広島市が占めました。

スポーツに詳しい方でしたらピンときたかもしれませんが、プロ野球の北海道日本ハムファイターズが北広島市に新球場を開業したので、その周辺エリアの地価が30%も上昇したのです。

鉄道の延伸や大規模ショッピングセンター

の誘致などで盛り上がる地方自治体に目を向けると、**再開発で盛り上がり、収益が期待できるエリアがあるので、市区町村のホームページや再開発情報などにもアンテナを張っておきましょう。**

将来的に人口が増える可能性のある地方の再開発計画を探す。

15 平野が狭いエリアを探す

地形から賃貸需要を考察する

地方エリアを選ぶ際に、私が注目しているポイントがあります。それは「平野が狭い」ということです。

いきなり地形的な話題になったので困惑する方もいるでしょう。順番に説明していきます。

日本では平野に街が作られていますが、大きく2つに分けられると思っています。1つは、平野が続いているところに街が点々とある地域と、もう1つは山に囲まれて狭い平野にギシッと街が作られている地域です。

平野に点々と街が作られている平野が広いエリアは、戸建てを建てることができるので、マンションが建っても需要が少ない傾向があります。

一方で、**平野が狭いエリアは、一戸建てを建てるスペースに限りがあるので、一戸建ての価格が高くなり、賃貸物件に流れるファミリー層がいるのです。つまり、平野が狭いエリアのほうがファミリー層の賃貸マンションの需要があるのです。**

実際の例をあげて解説してみます。

一度全国の主な地域の物件を調べたことがあります。政令指定都市のうち、例えば仙台で築古物件を探してみたのですが、なかなかありません。平野が広いので、一戸建てが多く建てられており、マンション自体が少ないのです。

平野が狭い例は小田原です。小田原は、市街地が一軒家とマンションで埋め尽くされていて、これ以上、一戸建てもマンションも建てる土地がほぼありません。こういう地域は、賃貸の需要が高いので、きちんと物件を選ぶと安定した客付けができるのです。ただ、小田原は物件価格が高いので少し手を出しづらいかもしれません。**全国の地方エリアの中で、小田原のように平野部が小さく、開発が終わっているエリアを探すのがよいでしょう。**

成功する工業エリア、失敗する工業エリア

平野と同じように、地形の考え方を工業エリアに当てはめて考えてみましょう。

例えば京浜・中京・阪神・北九州の4大工業地帯といった地方の工業地帯では、**工場などが多数あるため、その近辺で単身者からファミリーまで需要があると想像することができます。**ですので、工業地帯の近辺で賃貸物件を所有すれば大丈夫だろうと考えられます。

それ自体は正しい考え方だと思うのですが、**工業地帯によってそれがうまくいく場合と失敗する場合があります。**

失敗する場合の理由として、地方は都心部と状況が異なっており、土地があれば家を借りるよりも建ててしまうという傾向が強いので、賃貸物件の需要が低いからということがあげられます。

工業地帯の周辺で土地に余裕があるエリアの場合、庭つきの広い戸建てが2000万円台で買えるところもあります。そうしたエリアでは、そもそも家を借りるというニーズが少ないので、賃貸物件で利益を得るのはなかなか難しいといえるでしょう。

工業地帯でも、北九州の工業エリア近辺では逆に賃貸需要が多くあります。実はこのエリアは、一戸建ての価格が高いのでなかなか建てられないのです。

北九州の地形図を見ていただくとよくわかるのですが、山と海の間の平野部が少なく、すでに住宅地と工場で埋まってしまっているのです。

一戸建てを建てようとすると、価格が高いか街の中心部より遠くになってしまうので、賃貸を選ぶという選択肢が出てくるのです。

このように、工業地帯で今現在人が多く集まっているからといって、何も考えずそのエリアに飛びつくのは危険です。**さらに踏み込んでリサーチを行い、賃貸はどのくらい需要があるのかを確認するのが優良物件を見つけるコツといえるでしょう。**

地方の都市部では、1990年代からマンションが建てられたので、これから地方の築古マンションが増えていく見通しです。築古物件投資はこれから盛り上がっていくと私は考えています。

戸建てが高値になる地形を調べて賃貸需要をリサーチする。

16 ファミリーの行動を想像する

駅近だからよいわけではない

エリアを絞り込んだら、いよいよ物件選びです。

物件固有のよい条件として、例えば「駅近」があります。駅まで徒歩5分以内の物件であれば、高い利回りを得られるだけでなく、資産価値を維持しやすいといわれています。

しかし、**すべての駅近物件が優良物件かというとそうではありません。**

駅近の物件自体は綺麗でとてもよい物件かもしれませんが、そこに住みたいと思う入居者がいなくては入居付けに苦労します。**安定したインカムゲインを得ようとする**

なら、そのエリアに住むターゲットが求めている物件を選定する必要があります。

例をあげて考えてみましょう。郊外に住むファミリー層を想定した場合、駅近の部屋が狭い物件よりも、駅から少し離れているけれども、自然豊かな場所にある部屋が広い間取りの物件のほうが好まれるだろうと想像できます。

ファミリー層は駅近という条件よりも、子供が通う保育園や小学校などに近く、周辺の環境がよい物件を選ぶ傾向にあります。不特定多数の人が行き交い、夜遅くまで営業している飲食店やバーなどがある駅近物件は、避けられる傾向にあるのです。

もちろん、昨今は共働き家庭も多いので、必ずしも駅前が好まれないというわけではありませんが、駅前であれば必ず需要があり、空室のリスクが減らせるとはならないのがファミリー層の傾向と言ってもいいでしょう。

もし検討している物件がファミリー向けの場合は、学校や保育園、病院、公園、スーパーなど生活に密着したお店や子供関連の施設が身近にあるかを確認しましょう。

空室の有無を確認する

そうした環境に問題がないのに、なかなか埋まらないという物件もあります。その理由は、賃貸物件に需要がないエリアだからということです。

例えば市街地に土地が余っていて、**家賃を払うのと同じくらいの金額で家を建てられるエリアでは、賃貸マンションの需要は少なくなります。**また、持ち家がステータスになるようなエリアでは、賃貸が敬遠される傾向にあるので、賃貸物件を貸し出しても、入居付けに苦労する可能性が高いといえます。

こうした失敗を防ぐために何をすればいいでしょうか。

物件に合わせた入居者層の需要があるかどうかは、狙っているマンションのほかの部屋に空室が出ていないかを確認することがまず1つの方法です。賃貸物件を扱っている不動産サイトにて自分で検索してもいいですし、「このあたりのエリアの賃貸需要はどうなっていますか」と、地元の不動産会社に直接聞いてしまうのも手です。

また、**具体的にファミリーの行動を想像してみることも必要です。**

マンションは建物の高さが31メートルを超えなければ、エレベーターを設置する義務はないので、5階建てや6階建てのマンションでは、エレベーターがついていない物件もあります。

こうした物件の場合、ファミリー層だと、親が子供を抱っこしたり重い荷物を持ったりしながら階段を使うだろう、と考えることができます。

ですので、**階段の昇り降りが大変ではない3階くらいまでの物件がいいだろう、と物件を精査することができます。**

周囲の環境や入居者のニーズも合わせて判断する。

17 依存物件は複数の需要を調べる

依存物件はリスクが高い

ファミリー層について考えてみましたが、一方でワンルーム物件についても考えてみましょう。例えば、大学や工場が近くにある物件だったら、学生や単身者の需要が常にあるだろうと考えるかと思います。**近くの大学の学生や、工場で働く人の需要に頼っている物件を「依存物件」といいます。**

確かに大学があると、学生街が形成され、活気がある街になるというのは事実ですが、裏を返せば大学がなくなれば街に活気がなくなってしまい、大学生をターゲットにしたワンルームマンションは需要がガクンと落ちてしまいます。

昨今は、大学の都心回帰が進んでいるので、移転する可能性があります。相模原には青山学院大学のキャンパスがありますが、２０１２年に文系の学部が青山に移転しました。理工学部など、相模原に残っている学部はありますが、この移転の影響で周辺のワンルームの賃貸需要が著しく落ち込んだのです。

同様に有名企業の工場であっても、経済の影響で工場を閉鎖することも現実的にありうるので、そうした前提で物件を選ぶのはリスクが高いといえるでしょう。

私がファミリー向け物件を多く所有するワケ

依存物件を検討する場合は、複数の需要があれば問題ないかと思います。複数の大学のキャンパスがあったり、複数の企業の工場やオフィスがあるような立地で、何かが１つなくなったとしても、影響の少ない物件でしたらよいでしょう。

私は投資対象をファミリー向け物件だけに絞っているわけではないのですが、ワンルームよりも間取りが多いファミリー向けの物件を多く所有しています。

理由としては、ニーズに合致した物件に住むと、ファミリーのほうが長く住むという傾向があるからです。

子供が大きくなって手狭になったから引っ越す、というケースもありますが、大学生が4年程度で引っ越すことに比べたら出入りのサイクルは長いかと思います。

大学の都心回帰や工場閉鎖の影響をしっかり検討する。

18 物件の下調べに役立つサイト3選

ここでは、ＳＵＵＭＯなどの一般情報サイト以外に、私が物件について情報探しに活用しているサイトを紹介しましょう。

「見える！賃貸経営」（https://toushi.homes.co.jp/owner/）

まずはライフルホームズのサイトの中で、投資向けの情報がまとめられている「見える！賃貸経営」というページです。次のような項目のデータが掲載されています。

- □ 全国の賃貸用住宅の空室率一覧
- □ 住宅全般の空室率

- □想定利回り
- □人口数
- □人口増減
- □家賃相場

このようにデータとして使えるものが多く載っているので、物件を検討する場合に、その地域の家賃相場や、人気の間取りや空室率を調べて参考にすることができます。ただし、エリアの区分が大きいので、その中には人気のエリアと不人気のエリアが混在していたりすることがあります。また、空室率はマンション・アパート・戸建てをまとめたものなので、**あくまでも数字は参考程度にして、細かい地域や物件固有の情報は仲介業者や管理業者に聞くようにしてください。**

「不動産ジャパン」(https://www.fudousan.or.jp)

次に紹介するのは、「不動産ジャパン」というサイトです。このサイトは、公益財団法人不動産流通推進センターが運営しており、一般の人が誰でも見ることができます。

この不動産ジャパンでは、元付け業者が記載されています。なぜ元付け業者にあたるのが大事かは、第3章で詳しく解説しますが、元付け業者と取引すると非常に有利に交渉を運べるので、ここでは**「不動産ジャパンで元付け業者がわかる」**ということを覚えておいてください。

「大島てる」(https://www.oshimaland.co.jp)

次に紹介するのは「大島てる」です。有名サイトなのでご存じの方も多いかと思います。

このサイトでは、事件や事故があった物件が部屋番号まで掲載されています。自分が検討している物件そのものではなくとも、同じマンションで過去にどういった事件や事故があったか、またそのエリアで事件が多いかどうか、といったことまで調べておきましょう。

というのも、**他殺や自殺といった事件性があるものではない、病死や自然死があった場合は告知義務がないからです。**

事故物件そのものについては告知義務があるので、物件購入時に不動産業者から買い手にそれを伝えなければいけません。ですが、同じマンションのほかの部屋や、周辺については告知義務がないので、**こうしたサイトで下調べをしておき、具体的な情報は仲介業者や管理業者に確かめてください。**

この告知義務ですが、売買契約と賃貸契約の場合で告知義務期間が異なります。

売買契約の場合、つまり物件を購入したり売却したりするときには、期間に関係なく告知義務があります。

物件を購入してから客付けを行い、誰かに貸そうという賃貸契約の場合、入居希望者に対しての告知義務は3年間とされています。

以前は、事故物件について、誰か入居者が1回住めば、その次の入居者には伝える必要がない、という「事故物件ロンダリング」という業界内でのルールがありました。

ですが、２０２１年に国土交通省が策定した「宅地建物取引業者による人の死の告知に関するガイドライン」によって3年という目安が示されました。

告知義務があるにもかかわらず、入居者にそれを伝えずに賃貸契約を行い、後から事案を知った入居者が不動産業者とオーナーを訴え、損害賠償請求が認められたケースもあります。

実際の契約では宅建を持っている仲介業者が説明することになりますが、物件を所有するオーナーも告知義務については覚えておいたほうがよいでしょう。

調べたい目的別に複数のサイトを使いこなす。

19 地域の特殊事情からエリアを絞る

私が北九州の黒崎に絞っているワケ

物件探しの手始めとして、ここまで次のようなポイントを紹介してきました。

- □自分の出身地周辺で探す
- □人口動態を確認して将来的な需要の予測も考える
- □地形まで調べて実際の需要までリサーチする
- □周囲の環境やニーズも合わせて判断する

ここでは、これらのポイントをふまえて、私が実際にどういった地域および物件探しをしているかを紹介してみたいと思います。

先に言ってしまうと、私は現在北九州市の黒崎駅の周辺地域に物件を複数所有しています。なぜこの地域を選んでいるかを順番に解説していきます。


このエリアには大企業の工場があり、大企業だと寮を所有しているところが多かったのですが、現在では少し状況が変わってきています。

というのは、**寮自体が老朽化してきたにもかかわらず、新しい寮を建てるケースが少ないので、古い寮に住みたがらない人が増えてきているのです。**

また、企業としては新しい寮を建てるよりも、家賃補助を払う方を選択するケースが多くなってきています。


そうなると、家庭を持っている労働者は家を建てることを検討します。ですが、このエリアは山と海に挟まれていて平野が少なく、家を建てられる土地に限りがあるので、新築の一軒家を建てようとすると、土地代も含めてそこそこ高額になってしまいます。また、土地に限りがあるので新築マンションも数が少なく、こちらも供給が少ないことから分譲で購入しようとすると高額になってしまいます。

そうすると、**勤めている会社から家賃補助をもらって中古の賃貸でもいいかな、と考える層が一定数いるのです。**

しかも、工業地帯なので働いている人の数が基本的に多く、ファミリー層から単身者まで偏りもありません。

このような状況から判断し、黒崎はファミリータイプの部屋から単身者向けの部屋まで、賃貸の需要が安定しているエリアだと判断してここを選択したのです。

私が人気の小倉エリアを選ばないワケ

北九州の中では小倉が人気のエリアで、特に小倉駅から延びているモノレール沿いのエリアの人気が高くなっています。ただし、**この辺は物件価格が高いので私は選択肢から外しています。**

また、小倉から工業地帯は距離的に離れており、居住エリアとして小倉を選びたくはあるものの、家賃が安い黒崎周辺を選ぶ人も一定数います。

このように、さまざまな地域の特徴を全体的に考えて、私は黒崎駅の周辺地域を投資対象エリアの1つとして選んでいます。

こうした情報を手に入れられるのは、やはり私の地元が近いということが非常に大きいと考えています。

全国には、このように地域的な特殊事情で築古物件投資に適したエリアがまだまだあります。

宝探しのような感覚で投資対象エリアを見つける。

Chapter

3

優良物件を割安で手に入れるコツ！

20 割安な物件は自分で作り出す

400万円の物件が交渉したら50万円も値下げ

不動産投資を成功させる要素の1つとして、**「物件をできるだけ割安で購入する」**というものがあります。

当たり前に聞こえるかもしれませんが、これを徹底的に実践できている人はそこまで多くないかと思います。実は、**物件の値段は交渉次第でいくらでも変わります。**私が経験した例をあげて説明しましょう。

北九州市の黒崎というところで物件を探したとき、利回りや条件がよさそうな築古《ちくふる》マンションのうち1部屋が売りに出ていたので検討していたところ、相談していた不

動産業者が、

「同じフロアでもう1件売りに出ていますよ」

という情報を持ってきてくれたのです。

そちらのほうの部屋の情報を見てみると、私が最初に検討していた部屋よりも50万円高い値段で売りに出されていました。購入コストは利回りに影響してくるので、安く買えるに越したことはありません。私は業者に

「最初の部屋と同じ値段まで安くしてくれたら買うよ」

と、可能性は低いだろうなと思いながら適当に言いました。すると、

「同じ値段に値下げしてくれるそうです！」

とすぐに返事が来たのです。

不動産投資を始めてまだ経験が浅かった私は、このやりとりに非常に衝撃を受けました。**「いきなり50万円も下がるのか！」**と。

４００万円程度の物件が、交渉したらすぐに50万円も値下げしてもらえたのです。

いきなり１割以上もディスカウントしてくれるなんて、株式だったら考えられません。

「表に出されている物件の価格は、この値段でないと買えない、というわけではないんだ」ということを覚えました。

自分が買う側だったら、できるだけ安く買いたいので、安い値段を提示します。逆に言うと、自分が売る側の場合は、できるだけ高く売りたいので、高い値段で提示しておけばいいということになります。

「ああ、株と同じなんだな」と思いました。

株式投資も、安く買いたい場合は安い値段で指値《さしね》をしておけばいいですし、高く売りたい場合はストップ高の値段で指値しておけばいいのと同じです。

値札は高いところに置いてある

値段を出している側としても、ある程度の値引きを考慮しているので、**新規でサイトに掲載された値段は高めに設定されていることが多いです。**

私が購入した物件のうち、最初は６４０万円で売りに出されているものがありました。この物件はペット可だったので定期的にチェックしていたのですが、２回くらい価格改定されて４５０万円まで値下がりしていました。

もしこの物件を購入したら、リフォームにいくらかけて、周りの家賃相場も調べた上でいくらで貸して……、というようにシミュレーションすると、自分が求める利回りを得るための購入価格が計算できるかと思います。

この物件の場合は、計算すると４００万円で購入すれば、自分としては利益が出ると考えていました。

ですが、**不動産業者には、「３５０万円だったら即決で購入します。４００万円まで**

だったら出します」と言って買付証明書と一緒に４００万円を預けました。

不動産業者は私の指示どおりに、最初は希望購入価格として３５０万円を提示しましたが先方は難色を示したので、最終的に４００万円で売買成立となったのです。

フリマアプリやオークションサイトを使ったことがある方は多いと思いますが、新規出品したばかりのものに対して、いきなり大幅な値下げを要求してもなかなか応じてくれません。

少し値下がりしたところで、この値段だったら先方も売ってくれるのではないか、という値段を提示する、という駆け引きが必要なのです。

安値に指値や交渉して物件を割安に購入する。

21 室内写真から売主の状況を推測する

大幅値引きから気づいたこと

値引き交渉を成功させるには、交渉する前に売主である相手の状況を推測することも重要です。

私が所有する北九州市の3つの物件のうち、不動産業者に後から紹介されて値引きしてもらった物件ですが、住んでいた方が車椅子で家の中を移動していたようで、キッチンの下にある戸棚などが全部取り払われていました。

車椅子に乗ったまま移動しやすくしたのだろうと推測されます。

売主は男性の方でしたが、住んでいた車椅子の方は売主の親御さんだったのでしょうか、亡くなられて相続が終わり、不要になったから売却したんだろうか、または老人ホームに入られたのだろうかなどと想像していました。

この経験から気がついたことがあります。

例えば、ＳＵＭＯのような不動産賃貸のポータルサイトには、物件情報として室内の写真が掲載されています。家財道具が置かれたままで撮られた室内写真が出ているものが半分弱くらいあるという印象です。

この室内写真に介護ベッドが写っている物件は、売主は早く売りたいという希望を持っているのではないか、という考えに後から至ったのです。

介護ベッドのある部屋の写真が掲載されている物件が売りに出ているということは、住んでいた高齢の方が亡くなられたり、施設に入居されて戻ってこないので、この家に住む人がいなくなってしまった、なので処分したい、という意思表示に感じられるのです。

売主に早く売りたいという希望があるなら、大幅な値引きも交渉次第で可能かと思います。

相手の心理を考えながら戦略を練る

置かれた状況や、与えられた情報から、相手の状況や気持ちを読み解いていくことについて、私はそれなりに自信があります。

なぜなら、私は若いときに証券会社でディーラーを経験しており、デイトレードで板読みをしながら、どのくらいの人が買いたいのか、売りたいのかを把握しながら需給に重きをおいたトレードを行っていたからです。

デイトレードに限らなくとも、株式投資の経験がある方でしたら、チャートやローソク足を見ながら売買をされているでしょうし、株価が暴落したときや高騰したときなど、ほかの投資家の心理を考えながら戦略を練っている人も多いかと思います。

株式の売買ほどシビアに考える必要はないかと思いますが、**不動産投資において、特に私が推奨する築古物件投資の場合は、売りたい相手の置かれた状況を推測して交渉することは割安に物件を購入するために必要なことかと思います。**

逆に、自分が保有していた物件を高値で売りたいときにも、相手の心理を考えながら交渉することで自分に有利な条件を引き出すことも可能でしょう。

売主が早く売りたい物件は大幅な値引きが期待できる。

22 仲介業者は「元付け業者」を探し出せ

元付け業者を探してアプローチする

株式投資はパソコンを使って情報収集し、売買などほぼすべてをオンラインで完結できます。誰かと会ってコミュニケーションを取る必要がありません。

しかし、**不動産投資では業者とのやり取りが不可欠です。**ここでは不動産業者のうち、仲介業者について考えてみたいと思います。

そもそも仲介業者とは、物件の売買や賃貸借の仲介を行う業者です。地域の物件情報に精通しており、物件の選定や交渉などをサポートします。

不動産売買における仲介業者には、売主側の「元付け業者」と買主側の「客付け業

者」がかかわります。それぞれが代理人になっているイメージです。

また、1つの仲介業者が「元付け業者」と「客付け業者」を兼ねているケースもあります。仲介業者が、売主と買主の間に入って進めてくれるイメージです。

こちらが買主の場合、「元付け業者」を見つけ出してアプローチするのが理想です。

というのも、元付け業者と客付け業者が分かれている場合は、それぞれの代理側からの手数料しか業者には入りません。元付け業者には売主からの手数料が、客付け業者には買主からの手数料が入ります。業界ではこれを**「片手《かたて》」**と言います。

元付け業者が客付け業者を兼ねている場合、この業者は売主と買主の両方から手数料が入ります。こちらは**「両手《りょうて》」**と言います。

業者の立場になって考えると、「両手」のほうが倍の手数料を得られるので、どうにか売買を成立させようと積極的に動いてくれるのです。

元付け業者は「取引態様」で見つける

では、気になる物件があったとして、その物件の元付け業者をどのようにして見つけ出せばよいのでしょうか。それは、**物件概要書などに記載されている「取引態様」を見ることで確認できます。**

元付け業者は不動産流通機構が運営している「レインズ」に物件情報を掲載します。

ただ、レインズは不動産業者のみが閲覧できるサイトなので、一般の人は見ることができません。

ですので、第2章で紹介した**「不動産ジャパン」を確認してください。**元付け業者がレインズに載せた物件は、そのまま不動産ジャパンにも掲載されます。

それ以外にも、例えば**「アットホーム」で調べて、物件情報の「取引態様」の項目に「専属専任媒介」「専任媒介」と書かれていれば、「元付け業者」です。**「媒介」または「仲介」と書かれているのは客付け業者なので、ここを通してしまうと「片手」になってしまうので気をつけてください。

「買える客」だと思わせよう

仲介業者とやり取りする際によくないパターンは、向こうから見てこちらが「買えない客」「買わない客」「優柔不断な客」と思われてしまうことです。

相手は仲介という仕事をしているので、こちらが物件を購入する意思をきちんと見せる必要があります。**物件を検討していて、買うにせよ見送るにせよ、早めに決断することがよい印象を与えます。**

必要な連絡や返信もきちんと行いましょう。もちろんこちらにも仕事や生活があるので、すべての連絡に即対応する必要はありませんが、**電話に出られなかったら折り返す、メールには返信する、必要な書類はきちんとそろえて送る、といった当たり前のことを行うだけで十分です。**

仲介業者との関係がよいと、物件購入時に非常に助けられます。**私は自分で調べられることは自分で調べますが、わからないことが出てきたらすぐに仲介業者に聞くようにしています。**

例えば、物件全体の長期修繕計画についてです。

長期修繕計画については、建物の組合資料はお願いすれば取り寄せられますが、慣れていない素人が見てもわからない部分があります。金額的なところも、それが高いのか安いのかという判断がつきません。それを素直に聞くようにしています。

もちろんそれ以外のこと、建物全体の設備や室内の設備など、わからないことがあったら遠慮せずにどんどん聞きましょう。

あと、**仲介業者の方は資料に出てこない隠れた情報をいろいろと持っています。**

例えば、検討しているマンションで亡くなった人がいるとか、近くに反社会的勢力の事務所があるといったことを教えてくれるかもしれません。

信頼できるビジネスパートナーを見つけることも、不動産投資で成功する重要なポイントの1つです。

客付け業者を通さずに元付け業者に売買してもらう。

23 ２つの書類でリスクを避ける

築古区分マンションで、利回りなどが問題なく、購入を検討したいと思う物件が出てきたとき、２つの書類によってリスクやそのほかさまざまな情報を把握することができます。その２つの書類とは次のものです。

- □ **入居者の賃貸履歴および修繕履歴**
- □ **建物全体の修繕履歴**

いずれも仲介業者に請求すれば入手できます。

これらの書類に関して、知っているけれど実際に確認まで行っていないという方もいますが、私からしたら考えられません。

安くはない物件を購入するのですから、事前に書類を取り寄せできるだけ情報を集めて判断するのは当たり前かと思います。

物件を購入してからのトラブルは、避けられないものもあるかと思いますが、**この2つの書類を取り寄せて確認することで避けられるものもあります。**物件を購入してからの手間がかからないように、購入するまでは慎重に行動しましょう。

入居履歴を確認する

まずは検討している物件の**「入居者の賃貸履歴および修繕履歴」**です。

物件を管理する業者には、その物件に今まで入居していた賃貸履歴が残っているので、それを見せてもらいましょう。それにより、**入居者がどのくらいで入れ替わっているか、それぞれの入居者の入居期間を把握できます。**

入居者はそのままに、物件の所有者のみが変わるオーナーチェンジ物件の場合は、

現在の契約状況はもちろん、家賃の滞納やトラブルが過去にあったかどうかも確認してください。書類で残されていなかったら、管理会社に聞いてください。

私は幸いにも遭遇していませんが、中には見せかけの入居者を用意して住んでいるように見せかけ、物件が売却されたらすぐに退去する、という悪質なケースもあるようです。「入居偽装」と呼ばれるものですが、もし入居日が最近のものでしたら、疑ってかかることも必要かと思います。

また、**部屋の修繕履歴によって、これから自分がその物件を購入したとして、何を交換する必要があるかをある程度計算することができます。**

例えば築30年ほどの築古物件において、エアコンや給湯器などの設備の交換が15年ほど前に一度行われただけとなると、自分が購入して間もないうちに、それを交換または修理する必要が出てくるだろう、と想像することができます。

エアコンや室内の給湯器が故障した場合や経年劣化した場合には、オーナーが設備の修繕費を負担する必要があります。また、それらの寿命が近い場合は入居者が入る前に交換する必要があります。

給湯器は寿命まで期間があったとしても、定期的なメンテナンスが必要なため、最後にいつ交換したのかを把握することは、コストを計算する上で重要かと思います。

設備以外にも雨漏りの修繕のように、オーナーが負担するべきところは念のためにすべて確認しておくのがいいでしょう。

しばらく修繕する必要がないのが理想ではありますが、そうでない場合でも、必要なコストがあらかじめわかっているのと、予想していなかったコストが急に出てくるのでは大きな違いがあると考えます。

想定外のコストがかかってしまうと、予想していた利回りが実際に下がってしまうこともあるでしょう。

「入居者の賃貸履歴および修繕履歴」を確認して、検討している物件が今現在空室状態であるなら、どれくらい前から部屋が空いているか、売りに出されてからどのくらいの期間が経過しているかの確認も行ってください。

空室になっている理由がわかっているのでしたら、その理由にもよりますが、対策をすることができます。

日当たりが悪い、エレベーターがない、という理由でしたら仕方がありませんが、設備が古いという理由でしたら、その設備を交換することで入居付けを安定させることができるでしょう。

建物全体の修繕履歴も確認

次の書類が**「建物全体の修繕履歴」**です。これは読んで字の如く、**マンション全体の修繕など建物の建築部位や設備機器に関する工事履歴のことです。**

修繕履歴では次のポイントを確認してください。

- □ **雨漏り修繕**
- □ **外壁の塗り替え**
- □ **火災報知器設置と消火設備の交換**

基本的な考え方は入居履歴と同じです。

比較的最近に工事されていればしばらく修繕する必要がないと判断することができますが、**長期間修繕した記録がなければ、自分が物件を購入してから近々のタイミングで工事が必要になる可能性がある、つまりコストがかかると認識できます。**

雨漏りの修繕や、外壁の塗り替えといった修繕工事の場合、足場を組む必要があったり、修理の範囲が広かったりと費用が高くなる傾向があります。

修繕費用が積立金で賄えるのならいいのですが、不足している場合は物件所有者が追加料金を支払う必要があるので、建物全体の修繕履歴も確認しておきましょう。

トラブルを避けるために購入するまでは慎重に行動する。

24 現地調査は自分が住みたいかどうか

部屋を借りる人は必ず現地を見る

グーグルマップなどの普及により、現地に行かなくても気になる不動産物件をパソコンの画面上で確認できるようになりました。

不動産サイトや管理会社によっては、オンラインで室内を３６０度見渡せるシステムが導入されているので、「現地に行かなくても優良物件に出会えるのではないか」と考える人もいるかもしれません。

しかし、**必ず現地に足を運んで、実際に物件を確認してください。現地を実際に訪れると、不動産サイトやグーグルマップだけでは得られなかった情報が得られます。**

私も失敗した物件がありました。入居者がいるオーナーチェンジの物件だったので、どうせ室内を見られないと思って、グーグルマップで確認する程度で購入してしまったのです。

その物件が駅から遠いことは知っていたのですが、遠いだけではなく、**急な坂道を上ってさらに階段の上にあったのです。**自動車も物件の前に停めるのが難しく、賃貸に出してもなかなか入居者が決まりませんでした。結局、この物件は買値よりも25%ほど安くして損切りしました。

インターネットでの情報はまだまだ受け身なものでしかありません。物件の周辺環境の様子や、周りの騒がしさ、日当たりなど、実際に現地でしか判断できないポイントは数多くあります。

物件を購入するのは現地調査をしなくても可能ですが、**実際にそこに住む人はほぼ全員が内見してから入居を判断します。物件を買う方が見落としていた欠点も、内見をする人はすぐに気がついてしまいます。**

現地調査で私がまず気にしていることは、「自分が住みたい」と思うかどうかです。

築古物件でも条件が良ければ、長く部屋を借りてくれる可能性が高くなる一方で、借り手が住みにくいと感じたり、落ち着かない部屋だったりする場合は、すぐに退去してしまい、空室のリスクが上がります。

設備の古さなどはリフォームでカバーできるので、細かいところはそこまで気にせず、まずは自分の直感で「自分が住んでも大丈夫な物件だな」と思うかどうかを大切にしてください。

オンライン情報だけでなく現地に足を運んで物件を確認する。

25
物件周辺の雰囲気を確認する

周辺環境で見るべきポイント

さて実際に現地調査でどこを見ればいいか、というポイントを解説していきたいと思います。

まずは「周辺環境」を取り上げます。箇条書きにすると次のとおりです。

- □ 周辺エリアの雰囲気
- □ 物件周辺の施設
- □ 駅やバス停までの距離
- □ スーパーやコンビニ

- □ 学校や公園
- □ 駐車場
- □ 競合物件の状況
- □ 地形

このように周辺環境についてもいろいろなポイントがあります。**意識してほしいのは、物件に到着してからではなく、物件を見に行く途中から現地調査は始まっている、ということです。**

自動車で向かう場合または最寄駅から歩く場合があるかと思いますが、物件周辺エリアの雰囲気を確認するところからアンテナを立てて周囲を観察しましょう。

閑静な住宅街であったり、活気のある商店街が近い、といったこと以外にも、**そのエリアにどんな人が住んでいるか、町自体においてマナーやルールは守られているか、も見るといいでしょう。**

ゴミが散乱していたり、ゴミ出しのルールを守れない住人が多く住んでいるエリアでは、投資物件に入居者が入ってくれても、居心地の悪さからすぐに引っ越してしまう、という可能性もあります。

裏を返せば、**ルールやマナーを守れないところでも気にせず生活ができるような入居者は、家賃の支払いや生活のルールも守れず、部屋を汚したり設備を破損させたりして、退去後に大幅なリフォームが必要になることも考えられます。**

コンビニエンスストアやスーパーマーケットが近くにあると望ましいですが、逆に周辺にパチンコ店や居酒屋がある物件だと、ファミリーの場合は子供への影響や騒がしさを懸念して避ける傾向にあります。

周辺にどんな店があるか、環境はどうかについても現地で確認しましょう。

駐車場については後ほど詳しく説明しますが、地方の物件では必須の条件です。物件そのものについているか、なければ近辺にあるか、その場合は徒歩で何分くらいか、と細かく確認してください。

近くの物件の入居状況も確認する

また念のために、**最寄り駅から徒歩何分かも確認しておきましょう。**

グーグルマップで徒歩３００メートルと書かれていても、駅まで急こう配の坂道が続けば、表記上の時間よりも余計に時間がかかりますし、ほかにも途中に線路や信号があればそれだけタイムロスにつながります。

駅までの時間表記ですぐに借り手が見つかる優良物件と判断するのではなく、実際に自分で歩くことで、その物件が買いかどうかを判断しましょう。

自分が現地調査している物件の近くに似たような物件があれば、その状況も確認するといいでしょう。**ほかの似たような物件が満室なのに、自分が見にきた物件に空室が多いようならば、理由も確認して考え直したほうがいいかもしれません。**

地形については、ハザード的な観点から確認してください。例えば河川が近い、海抜が低いとなると、天災が起きたときに被害を受けやすい、と想像できます。同じように物件が傾斜地にあったり、物件の裏が山や崖だったりすると検討が必要です。

物件の現地調査ですが、可能でしたら昼と夜に2回見ておくといいでしょう。エリアによっては、昼と夜とで大きく印象が変わってしまうこともあります。どうしても難しいようでしたら、最低限昼に現地調査を行ってください。

物件を見に行く途中から現地調査は始まっている。

26 物件調査はしつこいくらい細かく

物件自体で見るべきポイント（屋外や共有部分）

周辺環境を確認しながら物件に到着したら、気を引き締めて順番に確認していきましょう。少なくはない資金を投入するのですから、手を抜いてはいけません。

物件自体で見るべきところについて、大きく「屋外や共有部分」と「室内の設備など」に分けて、前者から解説していきます。

屋外や共有部分は、次の箇所に問題がないかを確認してください。

☑ 建物全体

☑ 外壁のひび割れの有無
☑ コンクリートの亀裂の有無
☑ 水漏れ
☑ 各種設備の状態
☑ エレベーターの有無と状態
☑ 自転車置き場
☑ ゴミ捨て場
☑ 草木など

まずは建物全体の確認です。傾きがないか、外壁のひび割れがないか、というように目に見えるところでいいので見てください。

建物が傾いていたり、ガタついていたりする場合、状況によっては予想外のリフォームが必要になったり、大規模な修繕が必要になったりして、せっかく好条件で手に入れた物件も利回りが低いお荷物な物件になってしまいかねません。

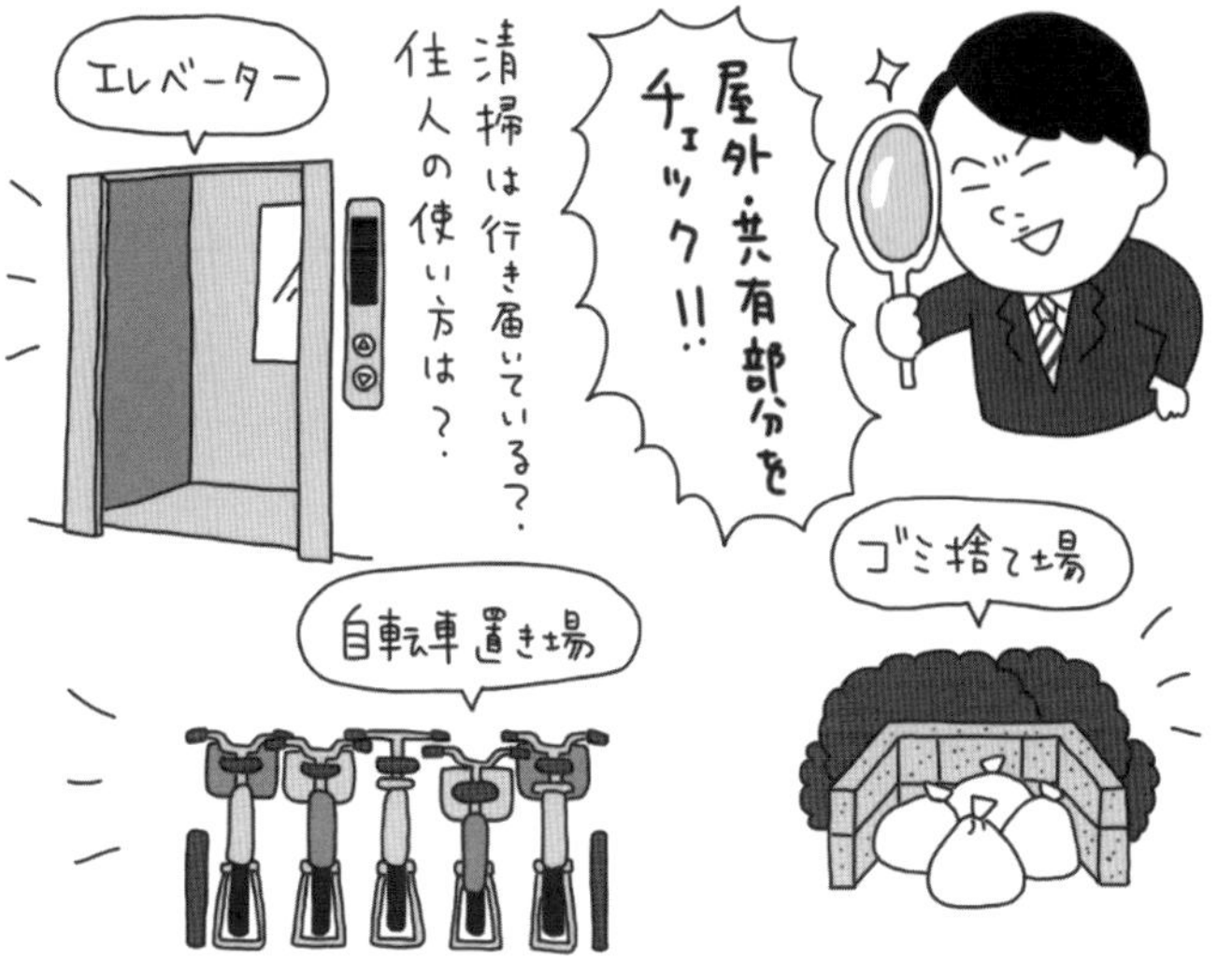

建物や部屋の傾きがないか、建物や建具の歪みの計測のために水平器で確認しましょう。 建物の傾きといえば、ビー玉を転がす方法を思い浮かべるかもしれませんが、正確な傾きを確認したいなら、水平器は用意しておきたいところです。

ほかには、配管設備が老朽化して水漏れしているところがないか、ガスや水道設備についても確認するといいでしょう。

共有部分の設備や各部屋の設備に何があるかは、物件資料や不動産会社からの情報で確認できますが、**その設備に不具合がないか、メンテナンスがしっかりとしている**

かどうかは、現地で確かめないとわかりません。

例えば、エレベーターはしっかりと点検されているか、設備をきちんと使えるかは、実際に訪れて確認しましょう。

エレベーターや自転車置き場、ゴミ捨て場といった共有部分については、清掃が行き届いているかと、ほかの住人がどのように使っているかを意識して見てください。

物件内や周辺で、草木がきちんと手入れをされているかというところからも、物件の管理のレベルを推測することができます。

物件自体で見るべきポイント（室内の設備など）

屋外や共有部分を確認したら、部屋に入って、次の箇所の状況を確認してください。

☑ **間取り**

☑ **部屋の広さ**

- ☑ 水回り設備
- ☑ 洗濯機置き場
- ☑ ベランダ
- ☑ 日当たり

事前にもらっていた情報と照らし合わせて、間取りはもちろん、各種設備の現状を細かく見ておいてください。**スマートフォンでかまいませんので、仲介業者に確認してから写真を撮っておくことをお勧めします。**

最初の1件目の場合は難しいかもしれませんが、水回り設備などを見ながら、どういった設備に交換すればいいか、といったところを考えながら確認するのが理想です。判断が難しければ、内覧が終わってからリフォーム業者と相談する必要があるので、その際に写真があるとスムーズに話が進みます。

そのほか、自分がこの部屋に住むことを想像しながら、洗濯機置き場がどこにある

のか、室内なのかベランダなのか、ベランダからの景色はどんなものか、といったところを１つ１つ見ていきましょう。**記憶は曖昧になるので、写真を撮るのを忘れないでください。**

部屋の日当たりに関してですが、太陽光の入り具合はとても重要な要素です。

賃貸で部屋を探す際に、日当たりのよさを優先順位の上位に持ってくる人は少なくありません。

洗濯物がよく乾き、部屋が明るくなる南向きや、朝の光が差し込む東向きの部屋などは、一般的に人気があります。また、同じ建物のうち階数の高い部屋のほうが同様に明るい部屋になるので人気になります。

事前の情報で南向きの部屋と書かれていても、目の前に大きなビルがあって太陽をさえぎられている可能性もあるので、**晴れた日の午前中に現地を訪れ、実際どれくらいの日当たりなのかを確認しましょう。**

ここまで室内のチェックポイントを紹介しましたが、もちろんこれは入居者がいない空室の状態である場合です。入居者がいる場合は内覧はできないので、外側から見られる範囲で確認してください。

その場合、**「入居偽装」の可能性を忘れずに覚えておきましょう。**入居偽装とは、ダミーの入居者を用意して物件を販売し、売却した後に入居者を退去させるやり方です。入居者がいるほうが売りやすいので、物件を高く売りつけるためにこうしたことを行う悪徳業者もいるので気をつけてください。

入居偽装かどうかを確認するには、次の点に気をつけて見るといいでしょう。

□カーテンや洗濯物など、生活感があるかどうか？
□電気メーターが回転しているか？
□郵便受けに名前があるか？

このように、現地調査にはいろいろと見るべきポイントがあります。

1件目だと慣れずに見落としがあるかと思いますが、後から確認するために、写真や動画を撮っておくといった対策を取って、しっかりと物件を確認してください。

写真や動画を撮りながら細かいところまで念入りに確認する。

27 車とペットで入居がすぐ決まる

地方物件では駐車場が必須

都市と地方でニーズが違うことはいろいろとありますが、**私が一番意識しているのは駐車場です。**都市部に住んでいると、公共の交通機関が発達しているので自家用車を持たなくともそれほど問題はありませんが、地方は生活するのに自家用車が不可欠な「車社会」です。

都会に住んでいる人は想像しにくいですが、**地方の物件では2台分の駐車場が必要なケースがあります。**例えば、ファミリーで住んでいる場合、主人が車で通勤し、その間に奥さんが別の車で子供の送迎をする、という状況がよくあるのです。

物件自体に2台分の駐車場があれば問題ありませんが、そもそも駐車場がない物件もあります。また、駐車場が1台分ある物件に対して、入居希望者が2台分以上の駐車場を求めてくる場合があるので、客付けのために対策しなければいけません。

よくあるテクニックとして、入居するまでオーナーが自分の名前で近くの駐車場を契約するというものがあります。客付けが決まったら、その人の名義に変更します。入居するまでは月に1万程度のコストがかかってしまいますが、これは必要経費だと割り切って考えるしかありません。

また、**物件の近辺に空き地がある場合は、そこを駐車場として使うことができないか、と交渉することもできます。**空き地に管理会社の看板が立てられているなど連絡先がわかる場合に限られますが、管理会社に連絡をして駐車場として使用したいと相談し、駐車場代などの交渉が成立すれば駐車場として使えることもあります。

駐車場は敷地内に欲しいという人もいますし、近辺でもかまわないという人もいるのですが、それは入居希望者によるので駐車場の場所は近ければあまり気にしなくていいかと思います。

正直、**地方の物件の場合は駐車場がないと箸にも棒にもかからないという印象があります。**地方の物件の場合は駐車場が必須、ということに気がついてから、ＳＵＭＯなどのサイトで物件を見ると、駐車場がない物件は家賃が相場よりも安いことに気がつきました。地方の物件を探す人は、意識しておいて欲しいポイントです。

ペット可の物件は人気が高い

駐車場がついている物件は客付けで有利ですが、私がいくつかの物件を購入してきて、すぐに入居が決まる条件があることに気がつきました。

それは「ペット可」の物件です。

いくつか物件を購入し、失敗も経験した私は、自分なりの判断基準が少しできつつありました。そのときに出てきた物件で、とても条件のよいものがあったのです。80平米ほどあり、駅から徒歩6分、さらに駐車場もついています。そして何よりも私が注目したのは、この物件がペット可だったことです。

私は築古物件を中心に投資していますが、築古物件だとペット可の物件はほとんどありません。なぜかというと、昔のマンションの規約ではペット不可とされているものが一般的でした。

この規約は途中で変えることもできるのですが、基本的にはオーナー総会で議決されないと変えることができません。マンションの全員とまではいかなくとも、ペット可にするために過半数や3分の2の賛成を集めるのはなかなか大変かと思います。

コロナ禍において、ペットに対する需要が高まったことが報告されています。家にこもることが多くなり、ストレスや孤独感を感じることが多くなったため、ペットを飼うことで癒されるという意見が多くなったことが背景にあります。

また、テレワークが増えたことで、自宅でペットを飼うことができる環境が整ったことも、需要の増加につながっています。テレワークが増加したタイミングで、家で仕事ができるように少し広めの物件、仕事部屋を確保できるような間取りの物件に引っ越すという話を聞きました。その際に、ペット可の物件を選んだ人も多いのではないでしょうか。

つまり、**ペット可の需要が高まっている状況で、ペット可の物件がそもそも少ないということは、客付けに困らない優良物件になり得ます。**

この物件はエレベーターがないマンションの4階だったのでそこが少し気にはなったのですが、それ以外の条件が非常に魅力的だったので全体としてみれば大丈夫だろう、と判断し購入しました。

周辺の物件の家賃相場をリサーチしたところ、ペット可で80平米という広さの物件がほとんどなかったので、家賃もある程度強気でいっても大丈夫だろうと考えました。分譲の駐車場がついていたので、その分相場よりも1万円ほど高い家賃を設定して募集したところ、目論見通りすぐに入居者が決まりました。**現在も表面利回りで16〜17%という高利回りで利益を得ています。**

ただし、１つ気をつけていただきたいことがあります。

ペット可の物件は、原状回復費用が高額になることが多いということです。最近は敷金を取らないことが多いので、礼金や月々の家賃にその分の費用を反映させることが必要です。

そうした注意点はありますが、**ペット可の物件は高い利回りが期待できるので、もし出会えた場合は優先的に検討することをお勧めします。**

駐車場付きとペット可の物件は客付けがいい。

28 優良物件に出会うまで焦らず待つ

タイミングを大事に

不動産投資で利益を出すには、優良物件を買えるかどうかにかかっている、といっても過言ではありません。

探し始めてもなかなか見つからないことが多いと思いますので、優良物件が出てくるまで慌てずにじっくりと待つ、ということをきちんと意識してください。

不動産物件の取引には、**「買付証明書」**というものがあります。気に入った物件を内覧し、この物件を買いたいと思ったら、仲介業者または売主に対してこの書類を提出します。

物件に対して、最初に買付証明書を出した人に購入優先権があるのですが、そこに法的な拘束があるわけではありません。最終的に誰に対して売るかというのは売主の自由なので、後から申し込んだ人に売りたいと売主が判断したら、残念ながらあきらめるしかありません。

買付証明書には決まったフォーマットはないのですが、名前や住所と物件名といった基本的な項目のほか、次の項目を記入する必要があります。

- □ **購入希望価格**
- □ **手付金の金額**
- □ **支払い方法**
- □ **有効期限**

ほかにも伝えたい条件があれば記載します。有効期限は１～２週間が一般的です。

この買付証明書に記載する購入希望価格についてですが、もちろん自分が支払うことのできる金額内であることは当たり前です。

あらかじめリフォーム代の見当をつけておくほか、周辺の家賃相場もリサーチして、**この物件だったらこのくらいの家賃でいけるだろう、ということから計算して希望価格を算出してください。**

投資にはある程度のスピード感が必要な場面もあります。優良物件を狙っている人はほかにもいるので、よさそうな物件が出てきたらすぐに決断しないと、と焦ってしまうかもしれません。

内覧して今すぐに決断しないと、悩んでいるうちにほかの人に買われてしまうかも、と焦ってしまって正常な判断力を失ってしまうのが一番ダメなケースです。

株式投資やギャンブルで、負けてしまったときにアツくなってしまい、正常な状態だったら手を出さないような買い方をしてしまってさらに資金を失ってしまった、という経験がある人もいるのではないでしょうか。

迷ったときは冷静になって、基本に忠実な考え方に戻ってきてください。

それは**「優良物件とは、物件価格が安いものである」**ということです。

つまり、条件や環境がよいけれども、物件価格が高いのが引っかかる、と悩んでいる場合、物件価格が高くて高い利回りが取りにくいとしたら、その時点でその物件は優良ではないのです。

設備や立地に不安がある上に妥協してしまうのは論外ですが、条件がよかったので少し予算をオーバーしているけれど無理をして購入してしまった、というのは後から振り返ってみると失敗してしまうことが多いと思います。

自分の予算よりも安く買うことができる、ということも含めて優良物件なのです。

安すぎる物件にも問題がある

物件価格が安いすべての物件が投資に適しているかというとそうではありません。

私が本書を執筆している今、悩んでいる物件があります。

物件を購入する場面で、私はあまり悩むことがありません。自分なりの判断基準ができてきたので、それに合っていたらパッと買ってしまうことが多いのです。

そんな私が悩んでいる物件は、２８０万円で売りに出されているのですが、多少の値引きが可能とのことなので、２５０万円くらいで購入できるだろう、と見込んでいます。

安く買えるのだから優良物件だと思われたかもしれませんが、安すぎて引っかかってくるポイントがあります。

第4章で詳しく説明しますが、比較的大規模なリフォームを行うと、原状回復の工事ではなく物件の価値を上げるためのリノベーションという扱いをされて、減価償却の期間がリセットされてしまうのです。

リフォーム代に関して、私は自分のルールとして最大でも物件価格の建物部分の半分までとしています。すると、２５０万円で購入した物件で建物部分が１２０万円の場合は60万円までしかかけることができません。

実際に物件を内覧したのですが、給湯器が40年ほど前の昔のタイプで、これを替えるとそこそこお金がかかってしまいます。そのほかにも最低限リフォームが必要な箇所を見ていくと、60万円の予算をオーバーしてしまうので悩んでいます。

物件価格が高いものは利回りから考えると手を出さないほうがいいですが、逆に安すぎると違う問題が出てきます。そうしたことも意識して物件探しをしてください。

買うか、待つかは自分の判断基準で決める。

29 オーナーチェンジ物件の落とし穴

マイナス50万円で損切り

入居者が住んでいる状態で売りに出されている物件を**「オーナーチェンジ物件」**と言います。すでに住んでいる人が家賃を毎月払っており、自分がオーナーになったらすぐに家賃が入ってくるのでリスクが低いと思うかもしれません。

そういう側面もありますが、**オーナーチェンジ物件を買う場合でも十分気をつけないと赤字になってしまうケースもあります。**私が実際に物件を損切りした経験をお話ししましょう。

私は北九州市の門司区にあるオーナーチェンジ物件を３８０万円で購入しました。

なぜその物件を買ったかというと、間取りがファミリータイプで家賃が5万円に設定されていたので利回りがよく、物件価格も安かったからです。

購入してしばらく順調だったのですが、1年すると住んでいた人が退去しました。それは仕方がないことですが、**新たに入居者を募集したもののなかなか決まりません。仕方なく５万円だった家賃を３万８０００円に下げましたが、それでも反応が鈍く、内覧どころか問い合わせもありません。**

そこで取るべき対応策としては、リフォームをするか、物件を売却するか、という選択肢があります。

リフォームをするとなると、またコストがかかりますし、それを含めた投資コストの回収期間が延びてしまうので、それを選ばずに物件を売却することにしました。**当初は購入価格の３８０万円で売りに出していたのですが、これもなかなか決まらなかったので苦渋の選択で２７０万円まで下げました。**手にした家賃は1年分の60万円なので、マイナス50万円で損切りです。

それでもなかなか売れなかったのですが、半年ほど経ってから購入希望の人が現れて、270万円で売却することができたのです。
売買の仲介をしてくれた業者に事情を聞くと、近くに駐車場が新たにできたことから、物件を購入する人が出てきたとのことでした。

失敗から学んだ2つのこと

この損切りした失敗例から、私は2つのことを学びました。

まずは、駐車場に関してです。

先ほど、地方の物件では駐車場が必ず必要だと書きましたが、この損切りした物件には駐車場がありませんでした。もともと住んでいた人が駐車場を使っていたかどうかはわかりません。もしかしたら自動車を所有していなかったのかもしれませんし、遠くに駐車場を借りていたのかもしれません。

もう1つは、オーナーチェンジ物件でも必ず現地調査を行うことです。

文章で書くと当たり前に思われるかもしれませんが、この物件のときは私も経験が浅く、あまり考えずに物件を購入してしまったのです。

オーナーチェンジ物件は入居している人がいるので、内見をすることができません。ですので限られた情報をもとに判断して、えいやっと購入する必要があります。得られる情報が少ないからこそ現地に赴き、周囲の状況や建物の外観などを自分の目で見る必要があるのです。

この物件の周囲には駐車場がなく、駅から物件に向かうまでは坂道と階段もありました。最近ではウェブ上で道や建物の写真を見ることができますが、どんな場所なのかを実際に知るにはやはり自分がその場所に行って、見て感じるしかありません。

また、この損切りした物件についてはいくつかのアンラッキーも重なっていました。この物件を購入したときには、その物件全体でほかの部屋に空き部屋はなかったのですが、**もともとの入居者が退去してから募集をかけたときには、ほかに3つの部屋が空いており、家賃の下げ合いになってしまったのです。**

そして、そのもともと住んでいた人は公務員だったので、2年に一度転勤するということだったのです。今は個人情報をなかなか聞くことができないので、物件購入時にそうした情報を得ることはできませんでした。

ですが、もしオーナーチェンジの物件の購入を検討しているときに、業者にそれとなく聞いてみて教えてもらえるのでしたら問題ないかと思います。

このオーナーチェンジ物件に関しては、現地調査をしていなかったので、入居者が出て行ったときのことまで考えていなかった、駐車場のない需要が低い物件だったものを購入してしまった、という私の失敗談でした。

読者の方には、こうした失敗をしないようにしていただきたいと思います。

オーナーチェンジ物件でも必ず現地調査を行う。

Chapter 4

最小の投資で最大の家賃を得るコツ！

30 リフォームのやり過ぎは逆効果

都会と地方との違い

私は基本的に地方の築古《ちくふる》物件を投資対象にしていますが、都会と地方とでは気をつけないといけないポイントが違っています。都会の物件では、駅近や築年数などの条件にもよりますが、設備が新しいと客付けがよくなります。

しかし、**地方の築古物件では、いくら設備をリフォームで新しくしても、それだけでは借り手にとって部屋を借りる要素にはならないのです。**

私の地元の福岡で物件を探していたときに、依頼していた不動産業者から２つの物件を紹介されました。それは同じ築古マンションのそれぞれ４階と５階の物件です。

当時はまだ私も見通しが甘いところがあり、立地条件的にいずれ再開発になりそうだったので、物件の良し悪しをあまり気にせずに2件とも購入してしまいました。エレベーターがないマンションだったのですが、これは不動産業者からも「客付けに苦労するかもしれませんね……」と言われていました。

私は自分の物件でいろいろと試行錯誤するのが好きなこともあり、せっかく同じような条件の物件を2つ購入したということで、あるテストをやってみたいと思ったのです。

1件は設備をよくして、もう1件はほどほどにして、それぞれ賃貸に出したらどういう反応になるか見てみよう、と考えました。

具体的には、5階の物件はキッチンを総入れ替えしてオープンキッチンにして、食洗機も設置しました。間取りもリビングを広めにとって、まるで分譲マンションのような今風の間取りにしたので、これはきっと受けがいいだろう、と自信を持っていました。

もう一方の4階の物件は、最低限のリフォームのみでほとんど手をかけず、その代わりに家賃を1万円低く設定したのです。

地方は家賃の適正さが重要

すると意外にも、すぐに借り手がついたのは4階の物件でした。5階は家賃が1万円高いこともあり、入居が決まるまで1年ほどかかってしまいました。

このケースは極端だったかもしれませんが、**家賃が1万円高いだけでこんなに反応が違うんだ、ということを私は身をもって経験したのです。**

この5階の物件のように、新しい設備を入れた物件は、都会だったらすぐに借り手がついたと思います。**この失敗を活かして、地方の築古物件をリフォームする際には必要以上にコストをかけず、ポイントを押さえて見栄えのよいリフォームにすることにしました。**

最新の設備を入れたら入居者はきっと満足してくれるだろう、というのは自分勝手

5階（フルリフォーム）
分譲マンションのような広めの間取り
「受けがいいだろう」と自信を持っていたけれど・・・
総入れ替えでオープンキッチンに！
食洗機も設置
4階（ほどほどリフォーム）
1万円値引き
リビングも
キッチンも
最低限の設備
地方では4階の方がすぐに借り手がついたー！

な考えに過ぎないので、地方の築古物件投資を考えている方は気をつけていただければと思います。

このように必要以上にコストをかけても、地方の物件だと入居付けに逆効果なのですが、コストをかけ過ぎることのデメリットがもう1つあります。

それは、**大規模なリフォームを行うと、物件の価値を大幅に上げるためのリノベーションと評価されてしまい、減価償却の年数がリセットされてしまうのです。**

詳しくは減価償却の項目で説明しますが、物件の購入費用は1年ごとに決まった金額を計上することができます。また、リフォーム程度の修繕でしたら原状回復工事の扱いになるので、その年度の修繕費として経費に計上することができます。

しかし大規模なリフォームによってリノベーション扱いになると、工事費用の経費計上は耐用年数に応じた減価償却でないと認められなくなるのです。

行ったリフォームが修繕費になるのか減価償却になるのかは明確な基準がないのですが、**私はリフォームにかける金額は物件購入価格の建物部分の半分までとしていま**

す。

客付けが悪いときも次に生かす

ちなみに、先ほど例で出したなかなか客付けができなかった5階の物件は、不動産業者から「家賃を下げましょう」と何回も打診されていました。

結局家賃を下げずに辛抱したのですが、私はこのとき、業者に質問をしていました。

「なかなか入居が決まらないのって、家賃が高いからですか？　それともほかに理由があるんですか？」

もしかしたらその時期はもともと客が少ない時期である可能性もあります。もしそうした時期であったら、ある程度仕方がない部分もあるので、2～3月など需要の多い時期まで待つことも必要でしょう。

そしてもう1つ、内見に来ている人がいるのかどうかも聞きました。問い合わせについては2段階あり、まずは「この物件は空いてますか」という問い合わせ段階があり、その次は「本当に住む部屋の選択肢として内見したい」という内見段階です。

私が重視しているのは問い合わせよりも内見の数とその内容です。

内見しに来ているというのはかなり本気で検討しているので、ここまで来ているのにこの部屋を選ばなかった、というのは本質的な理由があると私は考えています。

「家賃が高い」「階段で5階まで上がるのがキツい」といったように、内見まで来ても決めなかった人に、その理由を必ず聞いてもらうように業者にお願いしています。

その物件では改善できなくても、次の物件を購入する際の参考になるからです。

リフォームはほどほどに家賃を適正に設定する。

31 リスクのないリフォームを意識する

あくまでも入居者視点で考える

不動産投資がうまくいかないケースの話を聞くと、リフォームにお金をかけ過ぎていることが多々あります。どうしても初心者のうちは自分の感覚でリフォームしてしまいがちになります。

自分の家だったらこういう間取りがいい、水回りをこの設備に替えたい、キッチンもよいグレードのものにしたい、というように**「自分で住むためのリフォーム」はかなり高額になってしまいます。**

もちろん自分で住むのでしたらいいのですが、**あくまでも投資物件のリフォームな**

ので、費用対効果を重視し、「賃貸で住める最低限レベル」のリフォームに抑えることが基本です。特に地方の築古物件の場合はリフォームコストを抑えた分、家賃を適正にすると客付けが安定します。

キッチンは無茶なリフォームをしない

場所別にリフォームのポイントを見ていきましょう。

私は室内のリフォームは「リスクがないリフォーム」を基本にしているので、**キッチンのリフォームは素人判断をしないように気をつけています。**

というのも、例えばキッチンの位置を変えたりすると、微妙な勾配がなくなってしまい、水が逆流して流れなかったりすることがあるので、そういったリスクを避けるために基本的には水回りの位置は変えないようにしています。

キッチンのリフォームで手をかけたいのは「設備」です。キッチンの設備は安く仕入れることができます。大手メーカーでなければ、30万円程度で一式買うことができるので、コストパフォーマンスが高い部分だと思っています。

床まわりは重ね張り

床まわりですが、まず覚えておいてほしい単語として**「遮音《しゃおん》等級」**があります。これは建築物の壁や床、天井などが音をどれだけ遮断するかを表す指標の一つで、建築基準法によって定められており、ＪＩＳ規格によって測定方法が決まっています。

この遮音等級のうち、建物内部で発生する音にはＬという単位が用いられ、Ｌ45やＬ40、Ｌ35というように表されます。数字が低いほど、発生した音が漏れにくいという指標になっています。

例えばマンションの規約でＬ45を満たす必要がある、と決められている場合は、性能的にＬ45を満たす資材を使う必要があります。床のフローリングを剥がしてしまうと、規約を満たしたフローリング材を使わなければいけません。

規約を守ってリフォームするのは面倒なことが多くコストもかかるので、最近よく用いられているのが重ね張りするというやり方です。元からあるフローリングを剥がさずに、その上にさらにフローリングやマットを張っていくのです。

ただし、重ね張りをすると床が上がるため、部屋のドア、巾木《はばき》、クローゼットのドアなどの建具の交換が必要になります。その辺を計算して、耐久性に問題が起きないようにリフォーム会社と相談しながらバランスをとって張りましょう。

そのほかにもフローリングタイルというものがあり、これは比較的安価なので私は主にこれを使っています。色に関しても流行りがあり、最近は白が人気なので白っぽいフローリングタイルを使ってくれ、とリフォーム業者にお願いしています。

浴室には手をかけない

私は、浴室の風呂まわりは基本的にはリフォームしません。というのは、風呂まわりを替えようとすると、古い物件は壁を一度壊す必要があるので、コストが非常に高くなってしまうというのがその理由です。

また、浴室の設備を新しくしても、浴室自体の面積は広くできないので、印象がそこまで変えられない、というのがその理由です。

ですので、**浴室は、クリーニングは行いますが、設備的には古いままで賃貸に出します。このような場合は、家賃を適正価格から少し安めにするように意識しています。**

浴室から見た、築古物件の選び方があります。

築45年を超えた物件は、配管が剥き出しになっているものがほとんどで、配管の耐久性がそろそろ限界を迎えそうなものが見受けられます。

また、その年代の物件だと、浴室が狭く、最近ではあまり見なくなりましたがバランス釜が設置されているものがよくあります。

現在一般的なものは外にボイラーがあるタイプなので浴槽《よくそう》部分が広いのですが、バランス釜タイプだと給湯装置に場所を取られてしまうので、浴槽部分が狭くなってしまいます。

浴室の設備がバランス釜だと客付けが悪くなりがちなので、こうした物件は最初から選ばないようにしています。バランス釜タイプをボイラータイプにするとかなりコストがかかるので、そういったことはやらないようにしています。

ですので、私が選ぶのはボイラータイプの物件なのですが、**もし浴槽が割れていたりしたらもちろんそれは交換します。浴槽自体は安いのでそこまでコストに影響しません。**

また、風呂がバランス釜タイプの場合はキッチンの給湯が独立した台所用のガス湯沸かし器になるのですが、これはお湯の出が悪いことも多いので、そうしたところでもボイラータイプのほうがいいかと思っています。

そういう観点から見ても、築古物件を選ぶときには築30年以上から45年未満の物件を中心に選ぶようにしています。

浴室のリフォームはコストがかかるのでやりませんが、**その代わりトイレと洗面台は安く仕上げられるのでコスパがよく、新しくすると入居者の満足度が高いので優先的にリフォームするようにしています。**

自分で住む物件と違って、投資用の物件でリフォームする場合は、ある程度割り切った判断が必要です。**最低限住める状態にリフォームし、リフォームコストを抑えた分を家賃に反映させるという考えを持ちましょう。**

生活できるレベルのリフォームで入居者の満足度を高める。

32 リフォームは見栄え優先で行う

コストパフォーマンスが高いところに絞る

投資用物件のリフォームは、必要以上に豪華な設備や、人によっては気にならないような細かいところまでリフォームするのではなく、**入居者から見て、見栄えのいいところに絞ってリフォームをしたほうが効果的です。**

ここでは、どの箇所に絞ってリフォームすれば、コストパフォーマンスがいいかについて説明したいと思います。

まず考え方として、**自分がその物件の入居を考えて内見に来たと想像して、「これは替えてほしいな」と思う箇所を優先的にリフォームしましょう。**

「この扉は古くて開け閉めしづらいから、この物件はやめておこうかな」と感じるところがあれば、そこを新しくしてください。

反対に最新のシステムキッチンのように、「あったらいいけど、なくても特に困らない」という部分はそこまでこだわらずに、最低限使うことのできるグレードに下げてしまってかまいません。

地方の築古物件の場合、嫌だなという箇所があると入居を考え直してしまいますが、あったら嬉しい設備があるから入居しようと考える人はあまりいないからです。**繰り返しになりますが、コストカットした分で家賃を下げたほうが客付けが安定します。**

見栄えが良くなる箇所はここ！

壊れているところを交換・修理するのは最低限のリフォームですが、その次のステップとして、安価でリフォームでき、見栄えのよい箇所を紹介しましょう。

それはズバリ「光るところ」です。

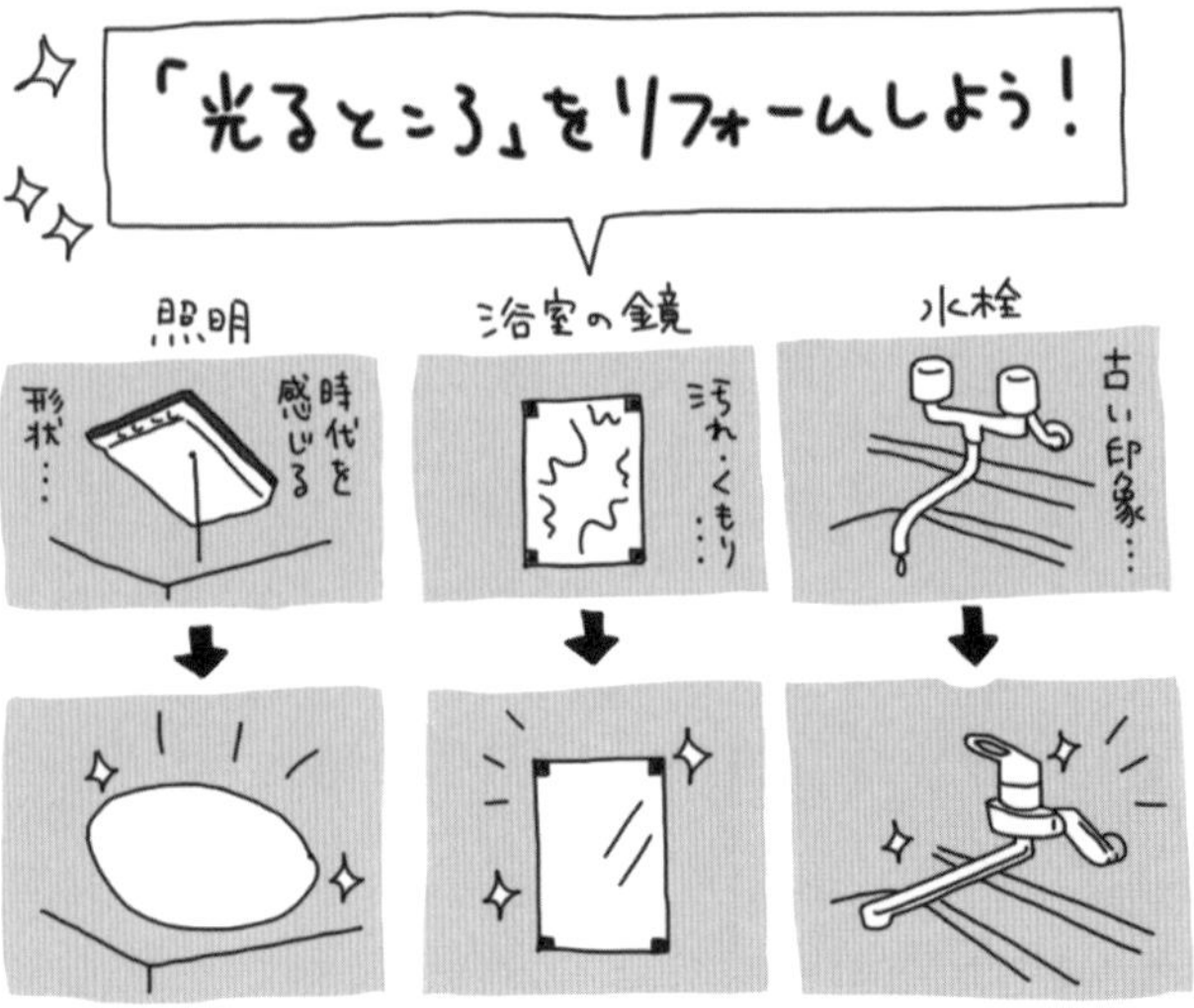

例えば水栓です。２ハンドルタイプだと古さが強調されるので、キッチンではフルメタルのシングルレバー混合水栓に、浴室はサーモスタット混合水栓に交換します。

プラスチックパーツが使われている水栓は値段の割に安く見え、フルメタルの水栓は高く見えるので、プラスチックパーツの使われていない水栓を選ぶといいでしょう。

先の項目で、浴室のリフォームはコストがかかり過ぎるので基本的には行わず、徹底的にクリーニングすることで対応していると言いましたが、**水栓を交換し、鏡を替えるとかなり印象がよくなるのでお勧めです。**

「光るところ」は水栓や鏡だけではありま

せん。照明も少し工夫することで印象をよくすることができます。

天井の照明器具は、形状が時代を感じるものだったり、変色して古さを助長していることが多いので、ＬＥＤシーリングライトに交換するのがよいでしょう。

その際に気をつけることは、**6帖間であれば10帖用、8帖間であれば12帖用と、2サイズ大きい部屋用の照明器具を選ぶことです。**

６帖間だからといって６帖用の照明を取り付けると、内見するときに暗い部屋という印象になってしまいます。

共通して言えることは、築古物件はとにかく明るくすること、明るい印象を与えることが重要ということです。

和室はあまり人気がない

築古物件なので、和室がある物件が多く見受けられます。

和室がプラス条件になるのは、小さい子供がいる家庭くらいでしょう。

なんとなくイメージで高齢者に和室は喜ばれると考えがちですが、高齢者は膝や腰を悪くしている方が多いので、和室よりも椅子で座ることのできる洋室を好む傾向があります。

和室がある場合は畳を撤去して、床上げして洋室に換装したほうが客付けがしやすいです。

洋室に換装したときに、ふすまをそのままにしておくと和室の印象が残ってしまい、全体としてちぐはぐに見えてしまいます。**ふすま紙をクロスに張り替え、引手をステンレス製に交換することで洋風になるので、私はそうしています。**折れ戸や洋風の建具を新調する必要はありません。

築古物件のリフォームは とにかく明るくすることが大事。

33 流行りの間取りに変更する

広くて明るいＬＤＫに変更する

築古物件は、どうしても古い建物なので間取りが今の感覚だと合わないところがあり、客付けで苦労することがあります。なかなか入居者が決まらないときに、物件を魅力的にして客付けをよくするための具体的なリフォーム術を紹介しましょう。

それは間取りの変更です。**築古物件なので、基本的には昔のタイプの間取りになっていることがほとんどです。これを今風の間取りに変更することで、客付けをよくすることができるのです。**

すでに知っているとは思うのですが、一応部屋の属性に関して確認しましょう。

□ **リビング**：くつろぐ居間として使われるスペースです。「L」の文字で表されます。

□ **ダイニング**：食事をするためのスペースです。「D」の文字で表されます。

□ **キッチン**：調理をするための台所スペースです。「K」の文字で表されます。

今でこそLDKといったようにリビングは一般的ですが、昔はこのリビングという概念がありませんでした。基本的にDKが食事をしながらくつろぐためのスペースとして設定されていたのですが、**間取り的にはこのDKが家の真ん中にくるものが非常に多いのです。そうなると、窓がないパターンが多いので、必然的にDKは暗い部屋になってしまいます。**

この間取りをリフォームして、今風の流行りの間取りにしてみましょう。

具体的には、**DKから続いている部屋のうち、窓がある部屋を1つ選び、その間にある壁を壊します。その部屋とDKを続いているスペースにして、広いLDKにする**

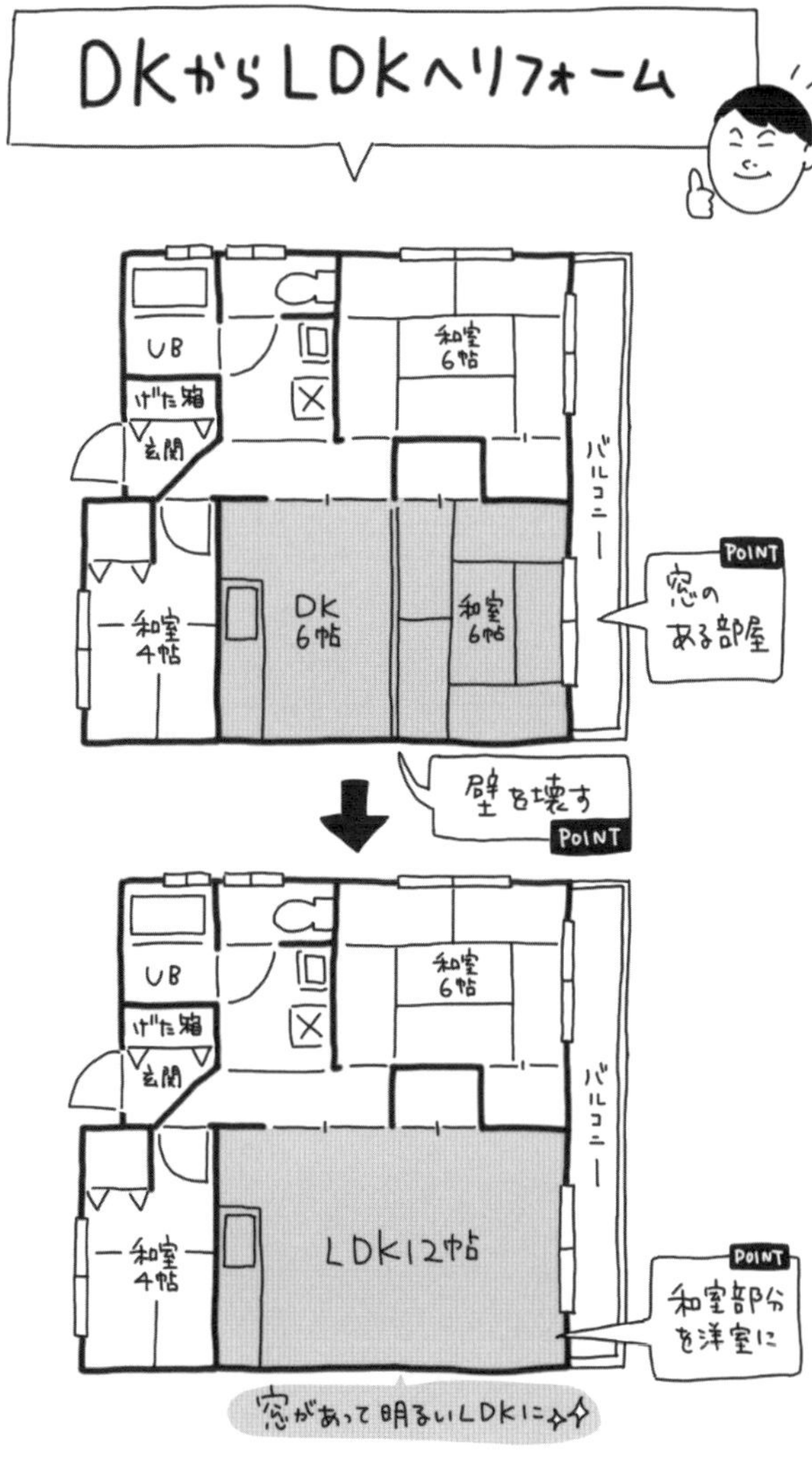
DKからLDKへリフォーム
UB
げた箱
玄関
和室
6帖
バルコニー
和室
4帖
DK
6帖
和室
6帖
POINT
窓のある部屋
壁を壊す
POINT
UB
げた箱
玄関
和室
6帖
バルコニー
和室
4帖
LDK12帖
POINT
和室部分を洋室に
窓があって明るいLDKに

のです。これで窓があって明るいＬＤＫを作ることができます。

昔の物件なので、このときに選ぶ窓のある部屋は和室であることが多いのですが、その場合は和室を洋室にする必要があります。和室を洋室にする際の注意点は、先ほど説明しているので、そちらを改めて参照してください。

間取り変更したほうがいい物件とは？

このＤＫからＬＤＫに間取りを変更する手法ですが、どんな物件にもやったほうがいいというわけではありません。

基本的には、リフォームして間取り変更をしないと客付けが厳しい、と思われる物件のみでかまいません。**近隣の物件と比較して、競争力が弱いな、という物件でしたらこの間取り変更によって客付けがよくなると思います。**

コストがかかるので、間取り変更をしなくても客付けがよい物件でしたらやる必要はないかと思います。

私が所有している物件の場合、基本的にファミリー向けが多いので、４ＤＫを３ＬＤＫにするパターンが多いです。

いずれやってみたいと思っているのが、２ＤＫを１ＬＤＫに変更するというパターンです。もともとはファミリー向けの部屋だったものを、単身者向けの広めの部屋としてリフォームするという考え方です。50平米前後の部屋で、ちょっと古いけど安くて広いという部屋を探している単身者は多いかと思っています。

このアイデアは、**「地方のコーポを一棟買いして、２ＤＫを１ＬＤＫにしたことで満室になった」**という話をいくつか聞いたことから自分でもそのうちやってみよう、と思ったのです。

ニーズに合った間取り変更で客付けが弱い物件の競争力を上げる。

34

必要な作業を分離発注する

まずはリフォーム業者の仕組みを知ろう

不動産業者にはいろいろな種類があります。物件売買にかかわる仲介業者、物件を購入した後に管理を任せる管理業者のほかに、リフォーム業者がいます。

どの業者も重要なのですが、特にリフォーム業者は、リフォーム金額がコストに直接影響するので、よい業者を見つけておくと非常に有利に不動産投資ができます。

リフォーム業者の中には、適正価格よりも高い値段を要求してくる業者、つまりぼったくり業者がいるので気をつけてください。

ここでは、そうした悪徳業者に引っかからない方法や、リフォーム業者についての私の考え方を述べていきたいと思います。

最初に知って頂きたいのはリフォーム業者の仕組みです。

リフォーム業者にはさまざまな種類があり、１社ですべてを行うところはまずありません。ざっとあげてみましょう。

- 解体業者
- 大工工事業者
- クロス（壁紙）業者
- フローリング（床）業者
- 畳業者
- 水回り専門業者
- 電気設備専門業者
- ガス設備専門業者
- クリーニング業者

このように特化した内容によって業者が分かれており、基本的には専門以外のことはできません。

そこで、仕事の流れや発注の仕組みを考えてみてください。

管理会社や1つの工務店などにすべての工事を依頼した場合、そこからさらに下請けの業者や自営業者にリフォーム工事を依頼することになります。

管理会社や工務店は下請けから請求された金額に対してマージンをのせてこちらに請求するので割高になってしまう、ということです。

もちろん、この仕組み自体は、ビジネスの仕組みとしてよくあるパターンなので、それに対して悪く言うつもりはありません。

しかも、私は費用対効果を考えて不動産投資をしているので、多少割高でも管理会社や工務店に丸投げしたほうがいい、というのも一理あります。

ただ、リフォームに関してはそれを行ってしまうと、割高になり、金額がかなり大きくなってしまうのです。

例えば専門業者が工事を行って30万円を工務店に請求した場合、工務店からこちらに2割利益をのせたとすると36万円で請求されます。これが数千円くらいでしたら手間賃だと思ってもいいのですが、何万円や何十万円もマージンがのっていると考えたら、そこは少し自分で動いてコストを下げてもよいのではないでしょうか。

すべての業者に依頼するのではなく、購入した物件について、**修理すべき箇所を絞り、必要な作業を行える業者のみに頼むというやり方で問題ありません。**

専門の業者にそれぞれ依頼することを**「分離発注」**と言います。分離発注の一番のメリットはマージンがのらないのでコストを抑えられることですが、逆にデメリットとしては、工事内容をきちんと把握して日程の調整などを行わないとトラブルのもとになるということです。

例えば、クリーニングは最後に行うのがセオリーですが、うまく調整できずにクリーニングした後に工事を行い、部屋の一部が汚れてしまった、ということもあるでしょう。

また、こちらがきちんと指示をしなかったために、順番が前の業者が作業を完了できず、その後の業者が作業できなくなった、ということもありえます。

私はすでに何件も物件を所有し、それぞれ必要なリフォームを行ってきたので最低限の知識は身につけましたし、自分なりに興味があるので日頃から調べたり、業者や管理会社にいろいろと質問しているので大きなトラブルはありません。

これから始める方は、あまり知識がないのにもかかわらずコストだけにとらわれて分離発注して失敗しないように気をつけてください。

最初の物件は、管理会社と相談の上で、大丈夫そうな部分だけを分離発注し、不安なところは割高になっても勉強代だと思って管理会社や工務店にお任せするのがよいかと思います。

リフォーム業者の見つけ方

リフォーム業者の探し方ですが、**私は仲介業者や管理業者から紹介してもらうというやり方をとっています。**

というのも、不動産業者が自社で物件を購入し、リフォームして転売することもあるので、そのときに依頼しているリフォーム業者だったら信頼できるだろう、と考えたからです。

普通に考えて、同じ業界で定期的に付き合いのある不動産業者に対してはぼったくりはしないでしょう。

ですので、土地勘がない場所でリフォーム業者を探す場合は、基本的に仲介業者や管理業者から紹介してもらっています。

とはいっても、もしかしたらリフォーム業者が、私のような一般人オーナーに対して不動産業者とは価格を変えているのではないか、という疑念も少なからずあります。

そこが気になるようなときは、**同じエリアで2件目以降の違う物件をリフォームする際に、最初とは違うリフォーム業者を紹介してもらうようにしています。**

見積もりを見て最初のリフォーム業者と比較すれば、適正料金かどうかを判断できますし、2社のうちスキルがあって料金が安い業者のほうに継続して依頼すればいいでしょう。

仲介業者や管理業者に安くて上手な業者を紹介してもらう。

35 家賃の2年分まで出してもよい

80万円が最低限のライン

物件を購入して貸し出すまでにリフォームを行う必要がありますが、ここでは金額的なところからリフォームについて考えてみます。

一般的に言われている目安は、家賃の3か月分、6か月分、1年分以上という分け方です。 3か月分でしたらクリーニングを行う程度、6か月でしたら原状回復までできると言われています。

例として数字を出すと、家賃が月7万円の部屋で3か月分は21万円、6か月分で42万円です。私は壁と床は必ずリフォームしていますが、それだけで30万円ほどはかかってしまうので、**家賃6か月分までのリフォームだとそこまで物件が魅力的にならず、入居付けで少し苦労するかもしれません。**

家賃の1年分、またはそれ以上をリフォームにかける場合は、古くなった設備の交換などを行うことができます。家賃が月7万円の場合でしたら1年分で84万円です。**できればリフォームコストを家賃1年分に抑えたいところですが、それは物件購入時に故障しているものがない、という前提です。**

金額例を確認していきましょう。

まず最低限やるべき箇所である壁紙を張り替えて30万円かかります。

次に洗面台とトイレはそれぞれ10万円程度なので合計で20万円程度はかかります。

キッチンはファンの位置を変えると高くなるのですが、そこまでしなければ30万円程度ですみます。

ここまでの合計で80万円ですが、ここはリフォームをするべき最低限のラインと考えてください。

家賃1年分の予算はあっという間に超える

ここから先のリフォームコストは、物件によります。傷みが激しいところや故障しているところがあれば修理する必要がありますし、例えば、エアコン用にコンセントを１００Ｖから２００Ｖに変えたり、電話線やテレビ線の配線を変更しようとするとそれなりにコストがかかります。

このように１つ１つ見ていくと、家賃１年分の予算はあっという間に超えてしまうのが理解できるかと思います。

リフォーム代をケチってしまうと、家賃を下げる必要がありますし、部屋の印象が悪いせいでなかなか入居者が決まらない、となったら元も子もありません。

物件にもよるのですが、リフォーム代は最大家賃の２年分まで出してもよい、と考えています。先ほどの家賃が月７万円という例でしたら、２年分で１６８万円です。

ただ、先ほどお話ししたように、**物件購入価格の建物部分の半分を超えてしまうと**

減価償却がリセットされるので、その金額は超えないように注意してください。

予算の使い方ですが、まずは最低限のリフォームで80万円を優先的に行い、さらに傷みが激しいところや故障しているところを修理します。それ以上は、費用対効果に見合うところを厳選してリフォームしてください。

修繕箇所が多く、家賃2年分の予算を超えてしまいそうな場合、私はリフォーム業者に予算を伝えて、優先順位をつけてリフォームしたいと相談します。

すると、「トイレは割れているので最低限交換しましょう」「洗面台はもう少し安いのがあるのでそちらにしましょう」「キッチンも公団タイプのものだとコストを抑えられます」というように、予算に合ったものを提案してくれます。

私がリフォーム代をケチらない理由

私と同じように築古物件を扱っていたり、ボロ家投資をしている人の中には、リフォームコストをできるだけ抑えて、家賃も下げることで入居付けを安定させるという考え方の人も多くいます。どちらかというと、そちらの考え方が王道だと思います。

私がなぜそうした考え方をしていないかというと、詳しくは第6章の出口戦略で説明しますが、**「1つの物件への投資を10年で回収する」という考え方が根本にあるからです。**

リフォーム代が50万円上がったとしても、家賃を5000円上げて反映させれば年間で6万円プラスになり、10年間で60万円と考えると回収可能である、という考え方です。

もちろん、そのリフォームの内容と家賃への反映額が合っていないと入居付けに影響するので、そのバランスは物件全体も含めて検討する必要があります。具体的なテクニックやポイントは、第5章で説明しているので参考にしてください。

また、**物件に入居した方には長く住んでもらいたいと思っているので、しっかりし**

たリフォームを行いたい、とも思っています。

私は、築30年前後の物件に投資していますが、もしそれが築40年の物件でしたらすぐに限界がきてしまうでしょう。**築30年の物件をしっかりポイントを押さえてリフォームすれば、あと10年は快適に住むことができます。**

さらに、私の所有している物件はファミリータイプが多いのですが、それは住んでいる期間が長いというメリットがあるから、というのもあります。

もちろん傾向的にではありますが、ワンルームよりもファミリータイプの方が一回住んでから出ていくまでの期間が長いので、収益の安定にもつながっています。

コストをケチらず家賃の2年分まで予算をかける。

Chapter 5

プロに任せてしっかり稼ぐコツ！

36 管理はすべて業者にお任せする

地方の物件は自分で管理できない

最初にお伝えしましたが、私は不動産投資について**「すべてを費用対効果で考える」**ようにしています。

私は専業の大家さんではなく、基本的には株式評論家であり、ほかの事業を展開しているので、不動産投資にあまり時間をかけられないからです。

不動産投資を行っている人の中には、所有物件を自分で掃除したり、障子を張り替えたりする人がいますが、**私はすべて管理業者にお金を払って管理を任せています。**

同じように、**家賃の集金代行も手数料として相場の5%を払って管理業者にお願い**

しています。

手数料を払っていると、軽微な修理を行ってくれたり、物件の一部が壊れたりすると代わりに見に行ってくれて、修理が必要な場合は業者に相見積もりを頼んで一番安いところに依頼する、といったことまでやってくれます。

所有物件が1つや少数で、近くに住んでいたら、自分で管理できるかもしれませんが、**物件数が増えてきたり、遠くに住んでいたら、自分で管理するのはまず不可能なので、業者に任せることが基本かと思います。**

仲介業者と管理業者

ひとくちに不動産業者といっても、担当する分野によっていろいろな業者がいます。
管理や入居付けに関しての業者としては次のような業者がいます。

□ 入居付けを行う仲介業者

□ 物件の管理を行う管理業者

仲介業者は、物件売買に関しても出てきたので紛らわしいところがありますが、**ここでいう仲介業者は、入居付けに関しての仲介業者です。**物件仲介業者と賃貸仲介業者という分類になるかと思います。

管理業者は、オーナーから委託を受けて、不動産の管理を行います。具体的には、賃貸物件の場合は、入居者募集から契約手続き、入居後のトラブル対応などを行い、オーナーに代わって物件を管理します。また、空室対策や家賃の適正設定などを行うことで、オーナーの収益最大化を目指します。

賃貸仲介と管理の両方とも手がけているところもありますが、**私は物件によっては購入した仲介業者とは別のところに管理をお願いしています。**

信頼できる業者を探すには、これは実際にやり取りして見つけていくしかありません。**真摯な対応をしてくれたところには、ほかの物件を探すときに相談したり、別の物件の管理が必要になったときにお願いすることにしています。**

物件売買時に仲介してくれた業者が賃貸仲介や管理もできるからといって、必ずしもそこに依頼しなければいけない、というわけではありません。

物件仲介でお世話になったとしても、管理がイマイチだなと思った場合は、気が引けますが断りを入れて、管理が丁寧な別の業者に改めてお願いすることもあります。

プロの意見を聞くのが一番

また、**物件の購入時に仲介業者または管理業者をセカンドオピニオン的に使うというやり方もしています。**例えば、気になる物件が出てきた場合、ほかの仲介または管理業者にその物件の情報を見せて、

「この物件の購入を考えていて、購入した場合は御社に仲介（管理）をお願いしたいと思っています。この物件、何か悪いところとか気になるところありますか？」

というように相談すると、忌憚《きたん》のない意見をもらうことができるのです。

売買契約自体の手数料はその業者には入りませんが、その後の仲介や管理をお願いするという前提があれば、動いてくれる業者が多いというのが私の印象です。

ほとんどの業者は、自社で物件を持っています。それが生業なので、物件の条件や設備などを見れば、どこに強みがあるか、逆にどこが弱いか、という意見を教えてくれるのです。

立地や間取り、また老朽化した設備のうちどこを修繕する必要があるか、といった点はプロの見方を教えてもらうのが一番だと考えています。

この原稿を執筆している現在でも、4つほどめぼしい物件をチェックしています。私はすでに信頼できる仲介業者の担当がいるので、スマホで情報を送ると、「時間のあるときに見に行ってきます！」と、簡単な現地調査をしてきてくれるのです。

物件に対して、その担当者のレビューと、物件の写真を撮って送ってきてくれるということまでやってもらっています。

「こういう感じなのですが、どうしますか？」

と聞かれるので、集まった情報を判断し、

「この金額までだったら出せるので、交渉してきてください」

とお願いします。その仲介業者に、売買の客付け業者として交渉を依頼するのです。

このように、**信頼できる業者を確保することができれば、物件探しから客付け、入居後の管理までいろいろとお願いできるのでとても楽になります。**

不動産投資はよい物件を適正価格以下で購入するというのが大事ではありますが、こうした業者とのコミュニケーションも重要だということを覚えておいてください。

自主管理にこだわらずに手数料を払って業者に依頼する。

37 一般媒介で優良な業者を見つける

元付け業者は直接入居者を見つけて契約したい

仲介業者を含め、基本的に不動産業者はビジネスパートナーとして尊重し、対等な付き合いができるのがベストです。**仲介業者の言うことに従ってしまって後で後悔する、というパターンもあるので気をつけてください。**

ここでは、賃貸仲介業者についてみていきましょう。管理会社が仲介業務も行っている場合も多いので、そうしたケースも含めて「仲介業者」として説明します。

さて、物件を探す際に、売主から直接依頼された**「売買の元付け業者」**というものが出てきました。同じように、自分が大家になって入居付けする際に依頼するのが**「仲**

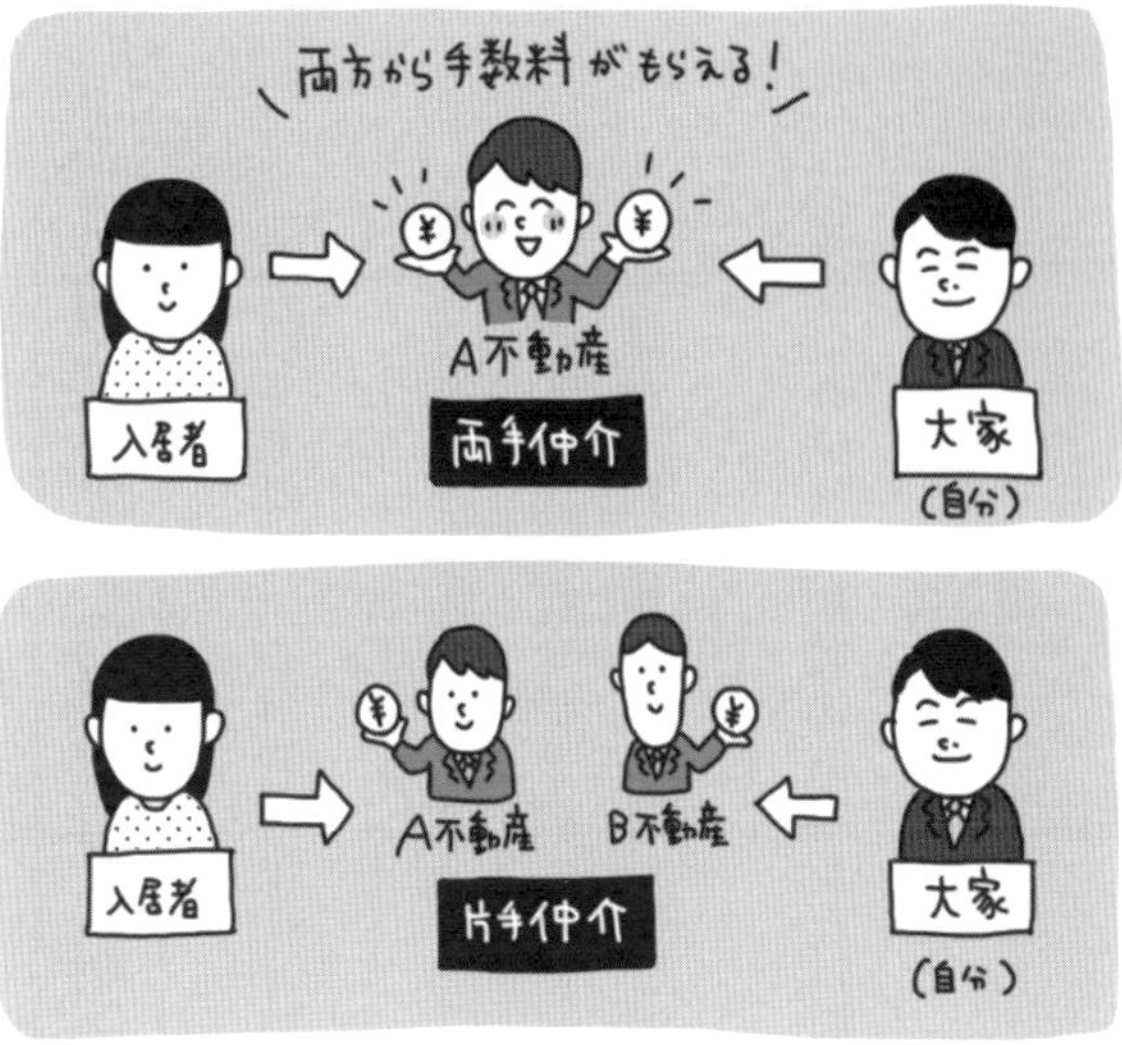

介の元付け業者」ということになります。

まず覚えてほしい前提ですが、**「入居付けも、元付け業者は、賃貸の客付け業者を通じてよりも、自分が直接入居者を見つけて契約したい」**という事情があります。

元付け業者という立場なので、入居が決まれば大家からの手数料は確実に入りますが、入居者を客付け業者が連れてきた場合は、入居者からの手数料はそちらの業者に入ってしまうので元付け業者は得ることができません。

元付け業者としては、大家と入居者の両方の間に入って両方と直接やり取りするこ

とで両方から手数料をもらいたい、というのが本音なのです。

一般媒介で入居付けを依頼するコツ

次に知ってほしいのが「一般媒介」と「専任媒介」の違いです。物件売買時と同じように、賃貸の仲介においてもこうした媒介の違いがあります。

- □ **一般媒介：**大家自身が複数の賃貸仲介業者に入居付けを依頼できます。
- □ **専任媒介：**賃貸仲介の元付け業者のみが物件の入居付けを行うことができます。

私はいろいろな業者に依頼したいので、基本的には一般媒介で依頼しています。ただしこのやり方にはコツが必要です。というのも、仲介業者はいろいろな物件を扱っていますが、その中での優先順位があるからです。

一番優先で扱うのは業者が自社で所有している物件です。その物件に入居者が決まれば、自社に家賃が入ってくるので、部屋を探しにきた人にはまず自社物件を勧めるだろう、というのは想像できます。**自社物件の次に優先度が高いのが専任媒介で、一般媒介の物件は優先度が一番低いと言われています。**

仲介業者の優先度が一番低いのに、なぜ一般媒介を選んでいるのだろう、と思われるでしょう。**私の経験だと、専任媒介でも一般媒介でも、よい物件ならすぐに決まりますし、入居付けに強い賃貸仲介業者でしたら、一般媒介でも十分入居者を見つけてきてくれるからです。**

賃貸仲介業者の選び方は、これはいろいろな業者と取引して、その中から見つけていくしかありません。

私の例ですが、契約書で客付けの仲介を行った業者名を確認すると、同じ業者が続けて入居者を決めてきたことがあったので、「この業者は入居付けに強いのでは？」と考えて、タイミングを見計らってその業者に入居付けを依頼するようになりました。

最初から優秀な業者に出会うことは難しいかと思いますが、いろいろと経験していくうちに、こうしたやり方を覚えていくといいと思います。

優良な業者の判断基準

優良な賃貸仲介業者の定義ですが、何よりも入居付けに強い業者が優良な業者です。

判断基準としては、アットホームやSUUMOなどの賃貸ポータルサイトに複数募集を出しているところがよいでしょう。

また、**希望をきちんと聞いてくれるかどうか、というのも重要なポイントです。**

仲介業者はこちらがどのくらい家賃が欲しいかということよりも、できるだけ早く入居者を決めたい、と考える部分があります。

なかなか入居者が決まらない物件の場合、仲介業者から「家賃を下げませんか？」と相談されることがよくあります。なかなか決まらないので、つい家賃を下げてでも入居付けしたくなってしまいますが、家賃を下げると利回りが下がってしまいますし、入居者が決まってもその人が住んでいる限りは家賃を上げることができません。

ですので、**「家賃を下げたくない」といった希望をきちんと聞いてくれる仲介業者がいいと私は判断しています。**

どうしても入居者が決まらないという場合は、家賃を下げるのではなく、決まった期間の家賃を無料にする「フリーレント」を設定するのがよいでしょう。

例えば、最初の1か月フリーレントで家賃を無料にすれば、それで入居者が興味を持ってくれるのと、2か月目以降はきちんとした家賃を得られるので、長期でみたときに家賃を下げるよりもお得になります。

専任媒介の仲介業者に任せず、一般媒介で客付けに強い業者を見つける。

38 入居付けの広告料は必要経費

相場は家賃の1～3か月分

入居者を募集してから短期間ですんなりと決まればよいのですが、**なかなか決まらない場合は、仲介業者にがんばってもらうため、広告料を支払うケースが一般的です。**

広告料の相場はだいたい家賃の1～3か月分とされています。

私が今まで所有した物件の中で、あまり条件がよくない物件では3か月分の広告料を支払ったことがあります。例えば7万円の家賃の場合は3か月分で21万円が広告料になります。

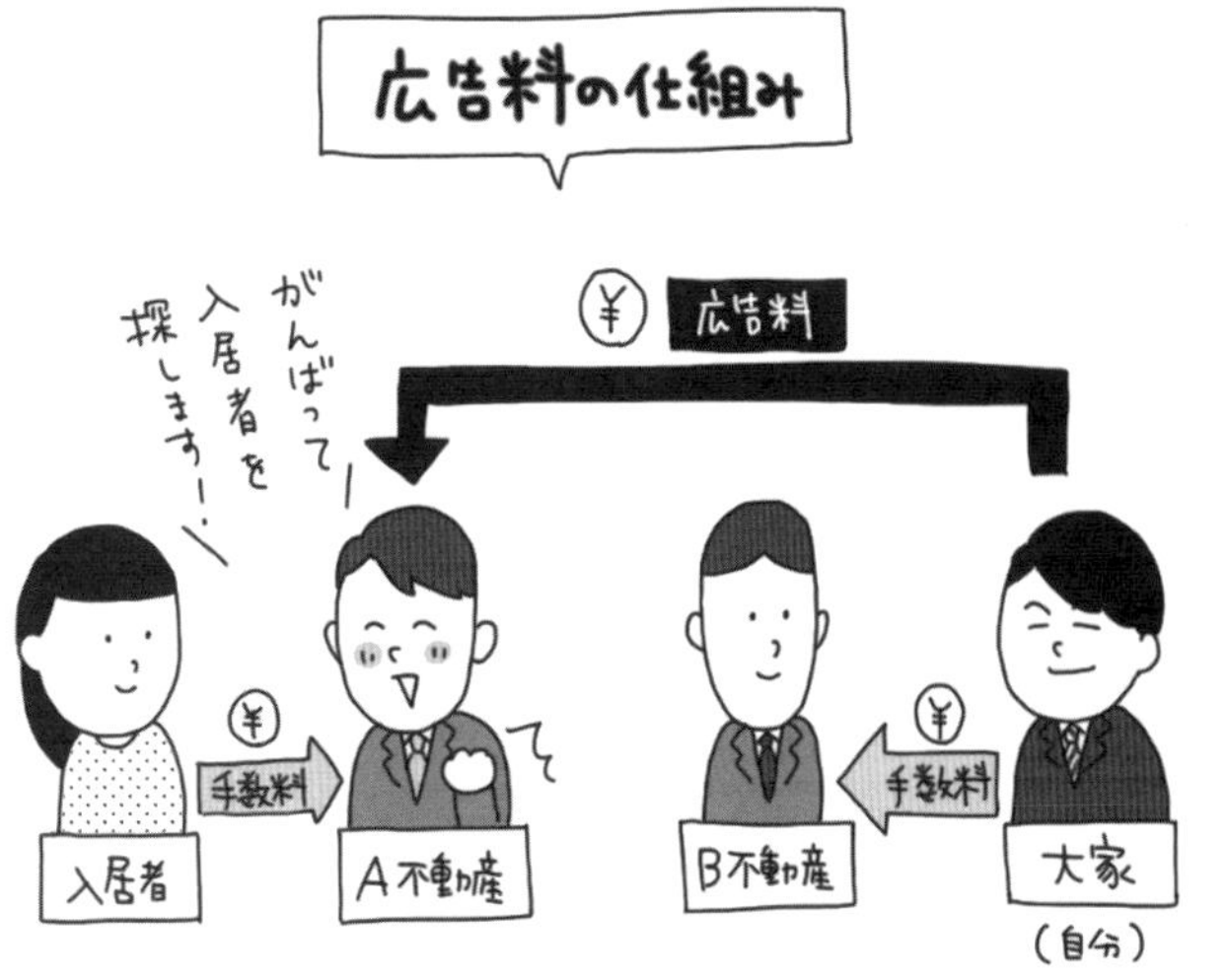

この広告料は、賃貸仲介の元付け業者ではなく客付け業者に支払うものです。

大家と入居者それぞれに仲介業者がいる「片手」の場合、大家側の元付け業者は大家からの仲介手数料だけですが、**入居者側の客付け業者は入居者からの仲介手数料に加えて大家からの広告料を受け取ることができる、という仕組みになっています。**

3か月分の広告料が設定されていれば、客付け業者はがんばって入居者を探してくる、ということなのです。

ちなみに、**この広告料は地域によって差があります。**

物件が少なく需要が高い地域は広告料を支払わなくても入居付けができるので不要ですし、都会などで物件の供給が多い場合は広告料を支払わないと業者が物件をなかなかアピールしてくれなかったりします。

また、**時期によっても差があります。私は、部屋を探している人が少ない閑散期は多めに、逆に部屋を探している人が多い繁忙期は少し減らしています。**

1月から3月は繁忙期です。4月からの入学や入社などに合わせて部屋を探す人が増加します。4月は、それまでの3か月に比べると落ち着きますが、まだ探している人が多くいます。5月の連休を過ぎると閑散期に入ります。9月くらいまでは閑散期が続くでしょう。10月くらいから少しずつ動き始め、次の年の1月になってから盛り上がる、というサイクルが一般的です。

広告料を取る業者は入居付けが強い

私が3か月分の広告料を設定していた物件では、それを確認した業者から連絡がきました。入居が決まれば3か月分の広告料を受け取ることができるので、私の物件を紹介させてほしい、ということです。

そのときに使っていた仲介業者は大手ではなかったので、賃貸サイトすべてに物件を掲載しているわけではなく、サイトを絞って掲載していました。物件の契約も一般媒介だったので、連絡してきたその業者に広告料3か月で物件紹介を依頼したところ、今まで掲載していなかったSUUMOで物件が紹介され、入居が決まったのです。

今までの経験から、広告料を受け取って入居者を募集する業者は入居付けが強いという傾向があると思っています。 ですので、1回そうした業者経由で入居が決まった次からは、その業者に入居付けを依頼するのがお勧めです。

広告料を払うと
入居付けが強い業者と出会える。

39

バーチャル部屋で客付け力アップ！

生活感のあるイメージ写真を作る

物件を購入してリフォームを行い、いざ入居者を募集してもイマイチ反応がないというとき、先ほど紹介した仲介の客付け業者に広告料を支払って募集を載せるサイトを増やす、というやり方のほかに、もう1つお勧めの方法があります。

それは**「バーチャル部屋を作って写真を掲載する」**というやり方です。

SUUMOなど、物件が多数掲載されているサイトを見た方はおわかりになるかと思いますが、物件の外観写真や、何も家具がない空室状態の部屋の写真、間取りといった情報がほとんどです。

家具イメージなし
ピンとこない…
ガラーン

家具イメージあり
この部屋いいかも!

そこに、**バーチャルで生活感のある写真を載せることでほかの部屋と差別化を行い、客付けをよくするのです。**

よく、新築の分譲マンションのチラシや広告などで、すでに家具などが多数配置されているイメージ写真を見たことがあるかと思います。あれと同じことを所有する物件でもやってみる、ということです。

再募集のときに使うこともできる

私は、仲介業者のサービスでそうしたイメージ写真を作ってもらいましたが、業者と信頼を築いていない段階で、サービスでそうした作業をやってもらうのはなかなか難しい場合もあるかと思います。

もし、あなたがＣＧを描くことができるのならば、自分でイメージ写真を作ってもかまいません。

業者に料金を支払ってイメージ写真を作ってもらってもいいかと思います。数万円かかったとしても、広告料1か月分程度の必要経費として考えればよいでしょう。

この生活感があるバーチャル写真を作っておけば、将来的に入居者が出て行って再度募集をかけるときにも使うことができます。

また、同じ間取りの物件を複数所有していた場合も使いまわすことができるので、客付けがイマイチだったときに検討していただければいいかと思います。

生活感のあるバーチャル写真で ほかの部屋と差別化する。

40 家賃保証会社を上手に使う

家賃保証会社を使う仕組み

一昔前は、賃貸で物件を借りる際には入居者が連帯保証人を用意していました。現在では家賃保証会社を利用するのが一般的です。

家賃保証会社は、入居者が家賃を滞納した場合や、契約期間中にトラブルが発生した場合に、家賃や補償金を代わりに支払ってくれる保証会社です。

まずは家賃保証会社を使う仕組みについて説明しましょう。

家賃保証会社は入居者から保証委託料を受け取り、入居者の連帯保証人としてトラブルがあったときに対応します。例えば、入居者が家賃を滞納した場合、保証会社は一時的に家賃を立て替えてオーナーに支払いを行います。後日、家賃を滞納した入居者に対して回収を行います。

私は、家賃保証会社の審査が通れば基本的には物件を貸すようにしています。

家賃を滞納した場合に、入居者に連絡したり、早く支払ってもらうように催促することを、日常の仕事や生活の合間に行うことは非現実的かと思いますので、そうした対応を家賃保証会社に任せられるのは非常に大きなメリットです。

賃貸の仲介業者が家賃保証会社の代理店になっていることがほとんどなので、入居希望者が出てきたときに仲介業者を通して審査を行います。ですので、自分で家賃保証会社とやり取りすることもほぼありません。

過去に、家賃保証会社の審査に通らなかった方がいました。仲介業者から「どうしますか?」と聞かれましたが、審査に通らないのは何かしら理由があるので、その方は断りました。その物件はその後8か月くらい入居が決まらなかったので、貸したほうがよかったのではないかと、正直悶々《もんもん》としていました。

結果的にちゃんと毎月家賃を払ってくれる方が入居してくれたのですが、これから不動産投資を行う方は同じようなケースで悩むことが出てくるかもしれません。

裁判費用も負担してくれる

私の物件に家賃を滞納しがちな入居者がいます。まったく払わないわけではなく、家賃を支払う月と支払わない月があるのです。

もちろん家賃保証会社に任せているので督促を行うわけではないのですが、もしこれを自分で対応するとなるとかなり大変だろうな、というのは想像に難くありません。

家賃保証会社を使うメリットとしてもう１つ大きいものは、**もし入居者が何か月も家賃を滞納し、強制執行や裁判沙汰になった場合、それらの費用を家賃保証会社が負担してくれるということです。**

昔のように連帯保証人がいれば家賃保証会社を使う必要はない、という考え方もできますが、その場合でも家賃滞納があったときには連帯保証人に督促する必要があります。

連帯保証人がすんなりと支払ってくれればいいですが、そうならなかった場合や、最終的に裁判までいくような大きなトラブルになった場合の手間や金銭的負担は非常に大きくなることでしょう。現状では、家賃保証会社を使うべきです。

デメリットとして、特に大きいものはありません。強いて言えば家賃保証会社の倒産リスクなどがありますが、そこまで気にする必要はないかと思います。

家賃を相場より下げすぎない

家賃滞納のトラブル対策としては家賃保証会社を使うのがまず一番ですが、それ以外のことで工夫することもできます。

まずは、**物件の家賃を相場より下げすぎないことです。**

入居者がなかなか決まらない場合、家賃を下げれば確かに入居は決まりやすくなりますが、入居者の属性が悪いほうに変わってしまうというリスクもあります。

全員ではありませんが、相場より安い家賃にひかれて問い合わせしてくる層は、金銭的にこだわりのある人が多いです。入居中に設備が破損したときや、退出時の原状回復費用についてのやり取りについて揉め事を起こす可能性があるでしょう。

入居者が決まらないと焦ってしまいますが、家賃を必要以上に下げるのは得策ではないと考えます。仲介業者は入居を早く決めたいので「家賃を下げませんか」と言ってきますが、冷静に判断してください。

家賃保証会社を使って家賃トラブル対応を任せる。

41 雑務はすべて管理会社に任せる

家賃の5%ですべてお任せ

私は、入居者が決まってからの管理全般は、管理会社に任せています。

仲介業務も行っているところが多いので、基本的には次のような業務を任せることになります。

●賃貸仲介業務

賃貸物件サイトに掲載されている、家賃や間取りなどがまとまっている図面サンプルの制作や、サイトへの掲載、問い合わせへの対応などです。

●入居者対応業務

家賃回収や家賃滞納時の対応です。現在では家賃保証会社を使うのが一般的なので、管理会社が行わないこともあります。

●建物管理業務

設備の点検やメンテナンス、またそれらが故障した際の修繕、ほかには入居者からのクレーム対応といったことが該当します。

●契約更新、退出時の対応業務

一般的に2年で更新する際の契約更新と物件から退出する際に必要な一連のやり取りの対応です。

どれもオーナーが自分でやろうとすると非常に大変なので、管理会社にすべてお任せしてください。

家賃の5%を管理手数料として管理会社に支払います。これはマンション全体の管

理費とは別になるので間違えないようにしてください。

任せたい管理業者の探し方、替え方

お任せしたい管理業者に最初から出会うのはなかなか難しいかもしれません。

物件を購入する際には売買の仲介業者とやり取りすることになりますが、その仲介業者が管理を行っている場合は管理も流れでお願いすることになるでしょう。

ただ、売買の仲介、賃貸の仲介、管理の3つを行っているというと信頼できそうなイメージがありますが、中には売買と賃貸の仲介はとても強くて、管理はついでにやっている程度なのであまり対応がよくない、という会社もあります。

そうした場合は、思い切って管理会社を替えてみましょう。

何も情報がないという状況で管理会社を探す場合は、地域で一番大手のところがいいと思います。全国的に名前が知れている大手チェーンの管理会社で、物件の最寄駅前に支店があればそこがいいでしょう。

部屋が空室の時点で管理会社を選ぶのでしたら、客付けにも強い管理会社がお勧めです。 あらかじめ管理会社の目星をつけておいて、賃貸サイトをいくつかチェックし、複数のサイトに同じ物件を出しているようでしたらいいかと思います。

管理会社を切り替えるタイミングは、基本的にはいつでもいいかと思います。ただ、入居者がいる状態で物件を購入するオーナーチェンジの場合は、購入してから数か月はそのままにしておきましょう。契約業務が一通り終わって、特にトラブルがないことを確認してから、自分が任せたい管理業者に変更するのがいいでしょう。

私はすでに複数の物件を所有し、さらによい物件があれば投資したいと思っているので日頃から情報も集めています。

よさそうな物件が出てきた場合、付き合いのある管理会社に**「この物件の購入を検討していて、購入した場合は御社に管理をお願いしたいと思っ**

ています。物件についてどう思うか教えてください」と聞いています。購入した場合にその業者が管理を担当し、毎月手数料が入ってくるので率直な意見を言ってくれます。

ただ、このやり方は同じ地域である必要がありますし、その管理会社がきちんとしていて、担当とある程度信頼を築けている場合に限ります。

プロに依頼するほうが費用対効果は高い

不動産投資にはいろいろなやり方があり、どれが正しい、ということは言えません。自主管理でコストを下げるというやり方がお勧めされていたり、そのために、自分が住んでいるところから通える地域の物件がよい、と言っている人もいます。

そういう意見にも一理ありますが、**私は5%の手数料という経費を支払って、労力や時間を節約しています。**

また、リフォーム会社を探す際に管理会社から紹介してもらうというやり方を紹介していますが、自主管理の場合は、そうしたことができないので自分でリフォーム会社を探すことになります。

そうしたことを総合的に考えて判断しても、**やはり物件管理は手数料を払ってプロの管理業者に依頼するほうが費用対効果が高いということになります。**

自分が住んでいるところから通える範囲のエリアで探すとなると、絶対的な物件数が少なくなってしまいます。

不動産投資においては、優良な物件を見つけることが一番大事なところなので、自ら探すエリアを絞ってしまうよりも、**管理は業者に頼むという前提で、全国で優良物件を探すほうが大事だと私は考えています。**

5%の手数料を支払って、労力や時間を節約する。

Chapter

6

10年で投資資金を回収するコツ！

42 出口戦略は10年で考える

賃貸に出しながら売り指値も出す

どんな投資にも共通することですが、**最終的に資産をどのように処分するかという出口戦略が重要です。**私の築古《ちくふる》物件投資では、基本的に**「10年で元を取る」**ことをベースに計算しています。

この10年というのは、10%の利回りが単利で積み上がってきたときに、物件の購入価格の元が取れるという計算です。細かいコストは省くとして、１年でだいたい10%の利益を得られれば、10年で１００％、つまり物件価格の元が取れるということです。

マンションの耐用年数の目安が45年なので、そこに到達する前に処分したいと考えると、逆算して築35年前後の物件を購入することになります。実際、私の所有物件は購入時にその程度の築年数のものが多くなっています。

不動産投資を始めてみようと考えていろいろ調べている人は、どうやって優良物件を探せばいいか、高い利回りの物件をどうやって見つけよう、というほうに考えが持っていかれがちかと思います。

購入して貸し出してから、さてこの物件をどうしようと考えるか、または何も考えずに持ち続ければいいか、という方が多いでしょう。

私は、物件を購入して、リフォームをして貸し出すのはもちろん同じなのですが、賃貸に出しながら同時に物件を売り指値で出しています。

例えば、家賃が月５万円の物件の場合、10年分の家賃に相当する６００万円で売り指値をしています。この値段で購入したい、という人がいればいつでも買ってもらってかまわない、というスタンスです。

賃貸で貸し出して1年や2年分の家賃が貯まってきたところに、物件が売却できれ

ばキャピタルが大きく乗るので、投資としては文句ない利益だと思っています。

5年間所有すると税金の面で有利になる

この例の場合、家賃が月5万円で年間60万円になるので、６００万円というのは購入を検討している人から見た場合は表面利回り10％ということになります（リフォーム代を考慮しない場合）。

利回りを基準にして物件を探している人は多くいるので、この６００万円という値段を下げていくと、必ずどこかで売れます。物件価格を下げていくということは、家賃をそのままにすれば利回りが高くなっていくということだからです。

ですので、例えばキャッシュが必要になったり、こちらの事情で物件を売却する必要が出てきたら少し価格を下げても売ればいいですし、特に売却する必要がないのでしたら、先ほどの例のような物件価格で売りに出し続けていればいいのです。

賃貸に出しておきながら、一方で希望価格で売りに出しておいてもまったく問題な

い、というのは覚えておいてください。

また、**個人の場合はできれば5年間は物件を所有しておくと税金の面で有利になります。**物件を転売したときの利益に対しての税金が、5年以内とそれ以降で違ってくるのです。

5年以内に売却すると短期譲渡所得として売却益に39・63％の税金がかかりますが、5年を過ぎると長期譲渡所得として割合が20・315％まで落ちるので、物件によっては数十万の差が出ます。

5年以内に高い値段で売却することができればそれはそれでよいのですが、5年で税額が変わるということは知識として覚えておくとよいでしょう。

物件を購入する前に10年で元を取る出口戦略を考える。

43 売却価格を下げても利益を出す

都市部のファミリータイプの物件価値はゼロにならない

物件の需要ということから値段を考えてみましょう。

最初の仕入れコスト、物件価格とリフォーム代がだいたい４００万円かかったとします。家賃5万円で10年貸し出したとすると、1年で60万円、10年で６００万円の家賃収入があるということになります。実際には思わぬコストがかかることがあるので、１００万円をマイナスして５００万円としましょう。

この時点で１００万円の利益が出ていることになり、物件を６００万円で売却できたら合計で７００万円の利益になるということです。

そう考えると、物件を10年持ち続けていた場合は６００万円の売却価格にこだわらなくとも、４００万円や３００万円に下げても十分利益が残ります。

地方も含めてですが、都市部のファミリータイプだと物件の価値がゼロになる、つまり、ゼロ円でないと売れないということは基本的にはありません。

そうした観点から考えると、地方で人口が減ってきているところよりも、ある程度の人口がいる都市で物件を探すのがよい、と考えることができます。

リゾートマンションの価格が10万円のワケ

極端な例ですが、越後湯沢のリゾートマンションが10万円で売りに出されているというニュースがときどき出ます。家賃ではなく、その物件の価格が10万円というように、ものすごく安い値段で売りに出されている、ということが話題になります。

なぜこの値段になっているのでしょうか？

リゾートマンションの管理費はとても高額です。バブル期に建てられた豪華な建物だと月の管理費が何万円もかかります。

この毎月のコストが積み上がってくるので、オーナーは物件価格を10万円まで下げても手放したいというのが実情なのです。実際はリゾートマンションの需要が低いため、安くしてもなかなか売れないという状況になっています。

それに対して、**都市部のファミリータイプは、住居希望の家族は一定数いると考えられるので、大きく値段が下がらないという結論を導き出すことができるのです。**

都市部のファミリータイプは10年後の物件価値がゼロにならない。

44 現金主義で金利上昇リスクを避ける

10万円でスタートできる不動産投資の真実

株式投資と同じように、不動産投資にもいろいろなやり方がありますが、**私は自己資金で築古物件を購入するのが一番安定しているという考え方です。**第1章でメガ大家とのやり方の違いを説明しましたが、ここでは違う視点から説明してみたいと思います。

融資を受ける際に気になるのが金利です。日本は長期にわたって低金利政策を維持しており、今後も大幅な引き上げはないという見方が一般的です。当たり前ですが、**金利が上がれば融資やローンに影響があります。**

将来的な景気が不透明なこともあり、私は不動産投資において多額の融資を受けることに抵抗があります。

ですので、基本的には自己資金で築古物件を購入していますし、本書を手に取った方にも安定した投資手法として検討していただければと思っています。

もちろん、私の手法が一般的でないことも十分承知しています。

不動産投資にはいろいろなやり方がありますが、メガ大家を目指す場合は多額の融資を受ける必要があります。そこまでのスケールではなくとも、例えば「10万円でスタートできる不動産投資」という謳《うた》い文句でお勧めされている不動産投資もあります。

そうしたものをよく調べてみると、**もちろん現金10万円で物件を購入するのは難しいので、高額の融資を受けて物件を複数購入することが前提になっています。**

確かにきちんとした会社の正社員でしたら、与信があるので融資を受けることは可能ですが、**融資を受けるということは、基本的には新築の物件が対象となります。**

すると新築物件なのでもともとの物件価格が高額になり、利回りが低くなりがちということがデメリットとしてあげられます。

覚えておきたい2つのルール

ローンの金利について少し説明していきましょう。

ここで覚えてほしいのは、5年ルールと125%ルールという2つのルールです。

まずは5年ルールです。これは、金利の変更・返済額の見直しを5年ごとに行うというものです。変動金利型の住宅ローンや不動産投資ローンにおいては、金利は定期的に見直されますが、5年ルールを適用した場合、5年間は金利が変更されないので、借りる方は金利の変動リスクを抑えることができるとされています。

しかし、実際はこの5年の間に金利は動いており、上昇している場合は5年ごとの見直しのタイミングで次の5年間の金利が上がります。

そのときに出てくるのが125%ルールです。5年ごとの見直しの際に、金利上昇

によって返済額が上昇する場合でも、前の5年間の返済額の1・25倍、125％までしか返済額は上がらないというルールです。

2つのルールはいずれも、借り手の返済額が急激に上昇しないような内容になっています。しかしよく考えてみると、金利が上がっているのに返済額がそこまで上がっていないということは、金利の支払い分が増えているということで、**返済額の中での返済原資が増えていない、つまり借りている分をなかなか返せていない、ということになります。**

少し詳しく話すと、**「キャップレート」**という指標があります。これは不動産の利回りと金利の差を示す指標です。具体的には、**不動産の利回りと、その投資にかかる金利の差を示します。**

キャップレートが高いというのは、金利が低下することなのですが、そうなると不動産の評価が上がり、不動産価格が上昇する傾向にあります。逆にキャップレートが低いというのは金利が上昇することで、不動産価格が下落する傾向にあります。

今後は金利が上昇するリスクがあるので、不動産価格が下がる可能性があります。

先に例としてあげたような、多額の融資を受けて低い利回りで運営していたら、そうなった場合どうなるでしょうか？

物件の価値が下がった上に、空室になると、すぐに赤字に転落してしまいます。

最悪のパターンも含めてシミュレーションして、「自己資金で不動産投資をするのが一番リスクがない」という結論に至ったというわけです。

最初の物件の目安は500万円

融資を受けて物件を購入すると、当たり前ですが家賃収入というインカムの中から返済をする必要があり、なかなか利益が手元に残りません。

お金を借りて投資する、というのを株式投資に当てはめてみると信用取引で考えるのがわかりやすいかと思います。信用取引で高配当銘柄を所持すると、配当に値する配当落調整金を受け取ることができます。信用取引の金利は一番安いところで１％台前半程度なので、ほとんどの場合利益が残ることになります。

しかし不動産投資で融資を受けている場合は、このお金が残る仕組みをある程度長期で考える必要があります。

最初は返済でなかなか利益が残らず、返済が進んでいくにつれてやっと評価益が上がってきます。それでもかまわない人はいいのですが、**私はやはり早い段階で利益を手にしたいので、自己資金にて物件購入をするやり方をとっています。**

では、現金で築古物件投資をやってみたいという場合、どのくらいの資金を用意すればいいか、という疑問が出てくると思います。

とりあえず１件所有してみたい、という方は目安として現金５００万円を用意すれば問題ないかと思います。

本書に書いてあるようなポイントを押さえながら、優良物件を探して購入するとなるとそこそこの労力がかかるかと思います。ただ、購入した後はほぼほったらかしで利益を手にすることができます。

家賃が入ってきて、全体の流れを理解した段階で、もしもう1件物件を購入したいと思えば、さらに現金500万を用意して1件目と同じように物件探しからスタートするのがいいかと思います。

1件目よりも2件目以降のほうがスムーズに動けるでしょう。

自己資金で購入すれば金利上昇のリスクを抑えられる。

45 コストをかけずに大家感覚を磨く

まずは不動産投資の書籍を読もう

私は昔から資産運用全般に興味があり、株式投資以外のジャンルも個人的に調べたりしていました。

不動産投資については、コツコツと収入を貯めていくイメージでしたので、それよりも株のほうが儲かるなと20代のときは考えており、当時は資金をすべて株式投資に突っ込んでいたのです。

与信枠があるので不動産投資を始めてみよう、と行動したのは30代前半なのですが、その時点での不動産投資の知識は、書籍から得たものがほとんどでした。ここでは、私なりの不動産投資に関する勉強方法について説明したいと思います。

不動産投資について勉強しようと思い立ったとき、まずは関連書籍を何冊も読みましょう。入門書的なものを何冊か読み、それらに共通して書かれていることは、そのジャンルで必ず覚えておく必要がある基礎的な知識です。

次に、そのジャンルのうち細分化されたものの中で自分がこれだ、というものについて詳しく書かれた書籍を探して読むのがいいかと思います。

株式投資に例えると、まずは株式投資全般について書かれた本を何冊か読んで、その中でデイトレやスイングトレード、長期投資や優待などのどれかに興味をもったら、それが詳しく書かれた専門書を読んでさらに知識を得る、という感じです。

自分に合ったやり方を認識する

私はよく、「株式投資を勉強するためにどんな本を読めばいいですか?」という質問を受けることがあります。

それに対して、次のような回答をしています。

勉強方法については、性格によって2つのタイプに分かれると思っています。

わかりやすいように、新しい家電製品を購入したときを例にして考えてみましょう。

家電製品を購入したときに、詳しい説明書がついていますが、あなたはまず何を行いますか？

説明書をじっくり読んで理解してから、家電を触ってみるタイプ。

説明書を読まずに、まずは家電を触ってみるタイプ。

あなたはどちらのタイプですか？

この質問は、不動産投資にも当てはまると思います。

前者の方は、不動産投資関連の本を多く読んで、自分のスタイルをある程度決めてから行動するのがいいと思います。

後者の方は、最低限の知識を身につける必要はありますが、とにかく実践してみる、いろいろとやっていく中で自分なりのスタイルを構築していくのがいいと思います。ただしこのタイプの人は、いきなり大きな金額を動かして致命傷を受けないように気をつけてください。

また、**不動産投資のコミュニティも多くあります。**オンラインで情報交換をするだけでなく、リアルで集まって物件を見に行ったり、飲み会などを開催して親睦を深めたりと楽しそうなイベントを開催しているところもあるようです。

私は不動産投資についてできるだけ効率的に利益を得ることを理想としているので、こうしたコミュニティには興味を持ちませんが、**時間に余裕のある方、書籍を読むのが苦手で人から直接教わりたい、いろいろな人と交流したい、という方でしたら**

検討してもいいかと思います。

普段の生活にもヒントはある

もちろん、書籍で得られる知識には限界があります。実践しながら学ぶことも多いのですが、そうそう物件を頻繁に買うこともできません。その場合、**普段の生活の中で大家さんの視点を持つ、ということを私はお勧めします。**

例えば、今現在住んでいる住居を賃貸で借りているとしたら、逆の立場で考えたらどうなるだろう、と想像してみてください。

大家さんの目線で、いま住んでいる物件を見てみるということです。

もし入居者が出て行ったとき、ここを修繕《しゅうぜん》するといくらくらいかかるのかな、実際に大家の手元に入る金額はいくらなんだろう、税金はどのくらいかかるのかな、と気になったことを調べれば、それが不動産投資に生きてきます。

部屋を借りたことがある方は多いかと思います。賃貸物件を探すときに、地域や広さ、建物の新しさ古さ、また駅から近いとか遠い、といった要因で家賃が変わってくるのがよくわかるかと思います。

このように賃貸物件を探して学ぶことも、大家業の第一歩だと私は考えています。

本だけでなく、普段の生活から大家感覚を身につける。

46 合同会社を設立して節税する

会社員にお勧めの節税法

現在会社員の方など、個人で不動産投資を始めてみたい方には、合同会社の設立をお勧めします。**個人で行うと不動産所得扱いになりますが、合同会社の事業として行うと、事業に関係のある経費を使えるので節税になるからです。**

合同会社は２００６年の会社法改正にて新しく作られた法人の一形態です。大きな特徴としては、**従来の株式会社のような資本金の概念がなく、合同会社では出資者が会社の経営者であり、出資したすべての社員が会社の決定権を持ち、経営を行います。**

合同会社と株式会社の違い

	合同会社	株式会社
所有者と経営者	一致	分離
意思決定	出資した社員の同意	株主総会による決定
役員任期	無制限	最長で 10 年
定款	認証の必要なし	認証が必要
利益の配当	出資者で自由に取り決め	出資比率に応じた額を分配
設立の法定費用	約 10 万円	約 25 万円
上場	できない	できる

合同会社のメリットには次のようなものがあります。

- **設立費用が安い**
- **株主総会などを行わずに意思決定を迅速に行うことができる**
- **役員任期の更新が不要**

また、私が実践している築古物件投資では現金で購入することを推奨していますが、**合同会社は融資を受けることも可能です。**

デメリットとしては、赤字経営でも法人住民税を支払う必要がある、税金などの申告が複雑なので税理士に依頼する必要がある、といったところです。

ただし、**合同会社はそうしたデメリットを補って余りあるメリットがあると私は考えます。それは、経費として認められる範囲が個人事業主よりも広いので、いろいろな節税テクニックを使うことができるということです。**

不動産事業の税金対策として合同会社を作りますが、**注意してほしいのはそこからの給料は受け取らないようにすることです。**給料を貰ってしまうとそこで社会保障の負担が発生してしまうからです。

合同会社で不動産事業に使える経費

合同会社を使えば不動産事業に関係する経費は使えるようになります。具体的にあげてみましょう。

- **物件を現地に見に行く現地調査のときの交通費**
- **スーツケースなど現地調査に必要な物の購入費**

□ 業者に払う管理費や税理士への支払い
□ 不動産セミナーの参加費
□ 不動産関連の書籍代

このような費用を経費として計上することができます。

不動産セミナーに参加して知り合った人と飲みに行った場合でも、不動産の情報収集をしているということになるので経費にすることができます。

また、**既婚者の方で配偶者が無職の場合は、配偶者を社長にして月に7万円程度の給料を支払うこともできます。**月に7万円だと年間で84万円なので、住民税・所得税を支払わなくてかまいません。ただし年収の壁については、変更になることもありますので最新の情報を確認していただければと思います。

築古物件投資でしたら、1件で年間の収支が50万円程度の規模なので、このようなことができます。物件を2～3件程度まで増やしても問題ないかと思います。

ちなみに、**会社を設立しなくても、個人で物件を「5棟」または「10室」所有すると、個人の副業をこえて事業として扱われるので、税制面で優遇されます。**

自動車購入費もガソリン代も経費にできる

自動車に関しても、法人契約にすると購入費やガソリン代などを経費にすることができます。社有車だからといって、ボディに名前を入れる必要はありません。

法人名義で購入またはカーリースを使うという選択肢があります。

法人名義で購入する場合、固定資産の減価償却をする必要があります。一方の**カーリースだと、自動車税や事務手数料、自賠責保険を含めたリース料金を毎月支払うだけなので、会計処理が簡単になります。**

ただし、任意保険はどちらの場合も必要に応じて入る必要があります。

また、個人事業主と同じような規模のマイクロ法人で自動車を所有したい場合はカーリースがいいかと思いますが、信用力の問題で審査が通らない場合もあります。

ほかの手段として、自分が個人で所有している自動車を法人に貸し付けるというやり方もあります。その場合は、自動車を使う場合の按分《あんぶん》をする必要があるので少し面倒かもしれません。按分とは、自動車を使った際に、それがプライベートで使用したものか、法人として使用したものかを割り振ることです。

こういった節税の手段に関しては、確実に処理するために税理士の方に相談していただければいいかと思います。

個人の不動産所得ではなく、法人にして経費管理をする。

47 既存の法人に不動産部門をつくる

すでに法人として経営している方は、新しく合同会社を設立するよりも既存の法人を活用するほうがいいでしょう。

既存の法人はすでに何か事業を行っているかと思いますが、それとは別に不動産部門として物件を購入して賃貸に出して利益を得ることができます。

余剰資金がある場合、それを使って不動産投資をする、というのもいいと思います。

メガ大家でなければ宅建は必要ない

ちなみに、**物件を購入して賃貸に出す場合は「宅建」の資格は必要ありません。宅建が必要になるのは売却時です。**築古物件に限らず、物件を購入して1年や2年で売却をすると、これは厳密には事業になるので宅建が必要になります。
実際には、宅建がなくても、例えばキャピタルが欲しくて購入してから1年で売却したとしても、それが何年も継続していたり、悪質なケースでなければ何か罰則があるわけではありません。

宅建が必ず必要になるのは、メガ大家レベルで不動産投資を行っていたり、不動産部門に力を入れて不動産売買を拡大していく場合です。

この本を読まれている方で、そこまで事業を拡大される方は少ないかと思いますが、興味のある方は書籍などで調べていただければと思います。

不動産部門として物件を購入して賃貸に出して利益を得る。

48 個人でも法人でも減価償却で節税する

毎年少しずつ経費として計上する仕組み

不動産投資を行う場合、個人でも合同会社でも節税効果を高めるために覚えておいてほしいのが「減価償却」です。少し難しい話になりますが、最低限覚えておいてほしいことなので理解してください。

減価償却は自営業や経営者の方でしたらよくおわかりかと思いますが、会社員の方だと名前を聞いたことしかない人もいるでしょうから、まずはその仕組みの説明から始めましょう。

法人の場合は事業年度ごとに決算を行う義務があります。1年ごとに区切り、1年間の事業活動における収益や費用、利益などの財務状況をまとめます。

不動産物件を購入したことを事業としてとらえると、物件購入費やリフォーム代、必要経費が支出となり、入ってくる家賃が収入となります。

1年間で区切るとすると、物件を購入した年度の中に物件購入費などがすべて経費になると考えるかもしれませんが、不動産は固定資産なので一度に計上することはできません。**減価償却とは、一度に経費にせず、毎年少しずつ経費として計上する仕組みのことです。**

減価償却の考え方として、**時間の経過や使用とともにその価値が減っていくという前提があります。**

ですので、建物や自動車はこの仕組みが適用できるのですが、土地は価値が減るわけではないので土地には適用することができません。そもそも築古区分マンション投資でしたら建物だけなので、土地のことを気にする必要はありません。

また、この価値が減っていくというのはあくまでも会計上のことです。実際の建物がどのくらい老朽化したか、ということではないのでそこは間違えないでください。

減価償却の金額を算出するのに、「定額法」と「定率法」というやり方があるのですが、2016年4月1日以降に取得した建物は定額法しか選ぶことができません。

定額法は、この後に説明する法定耐用年数によって償却率が定められており、購入金額に償却率をかけた金額を毎年償却することができます。

減価償却と耐用年数の関係

減価償却の仕組みを簡単に説明したところで、**確定させる必要があることが1つあります。それは何年で償却するか、ということです。**

物件価格は購入時に決まっているので変えられませんが、**その購入コストを何年で償却するかが何で決まるのかというときに出てくるのが「法定耐用年数」です。**ここでは「耐用年数」として話を進めていきます。

耐用年数とは、その建物がどのくらいの期間使うことができるか、と法的に定められているものです。耐用年数は構造や用途などによって細かく決められているのですが、主な例としては次のとおりです。

- **鉄筋コンクリート造マンション：47年**
- **木造アパート：22年**
- **木造一戸建て：22年**

これらは例として一部をピックアップしたものです。実際は住居用と事務所用、また木造、木造モルタル、鉄筋コンクリート、レンガ造、金属造などによって変わってくるので、自分が検討している物件の耐用年数はきちんと確認してください。

中古なので、物件購入時には建てられてからすでに年月が経過しています。耐用年数の計算方法は次のとおりです。

（法定耐用年数－経過年数）＋経過年数×20％

例えば築35年の鉄筋コンクリート造マンションの場合、次のようになります。

（法定耐用年数47年－経過年数35年）＋経過年数35年×20％＝19年

すでに法定耐用年数が過ぎているものでも、減価償却できないわけではありません。
その場合の計算方法は次のようになります。

法定耐用年数×20％

例えば築30年の木造アパートの場合、法定耐用年数22年の20％が4・4年となり、1年未満の端数は切り捨てなので4年となります。

この耐用年数は、あくまでも会計上の話であり、その物件自体があと何年もつか、ということではありません。どのくらい住めるかというのは物件によります。

このように中古物件の耐用年数を計算し、その年数によって償却率も決められているので国税庁のウェブページにて確認します。

先ほどの築35年の鉄筋コンクリート造マンションの例だと、耐用年数19年なので定額法の償却率は０・０５３（５・３％）になります。

もし３００万円で物件を購入した場合、その５・３％である約16万円を毎年償却できるという計算になります。

すでに物件を購入しているので、減価償却費は実際に払う金額ではありません。会計上で経費として計上できる金額です。

減価償却の仕組みを理解して節税効果を高める。

49 諸経費は物件価格の1割で計算する

購入時の諸費用は物件価格の7〜10％

不動産物件を購入するときに諸費用と税金がかかります。**物件価格とリフォーム代だけで利回りを計算していると、税金を含めた諸費用が思ったより高かった場合、利回りが下がってしまいます。**

中古物件の場合、購入時の諸費用は物件価格の7〜10％ほどかかるといわれています。３００万円の物件の場合は21万〜30万円ほどかかるということです。

念のため多めに見積もって、**「物件価格の1割が諸費用と税金にかかる」と覚えておきましょう。**

諸経費には次のようなものがあります。

- **仲介手数料**
- **不動産登記手数料**
- **火災保険などの保険料**

まずは仲介手数料です。**物件を購入する場合、客付け業者または元付け業者に直接支払うのが仲介手数料です。**

仲介手数料は宅地建物取引業法により次のように決められています。

- 取引額200万円以下の金額：取引額の5％以内
- 取引額200万円を超え400万円以下の金額：取引額の4％以内
- 取引額400万円を超える金額：取引額の3％以内

勘違いしやすいのが、５００万円の物件という場合に５００万円の３％と計算してしまうことです。そうではなく、**金額を区切ってそれぞれの部分ごとに計算します。**

例えば、５００万円の物件の場合、次のように計算します。

□取引額２００万円以下の金額：取引額の５％以内

↓２００万円×５％＝10万円

□取引額２００万円を超え４００万円以下の金額：取引額の４％以内

↓２００万円（２００万円から４００万円の金額）×４％＝８万円

□取引額４００万円を超える金額：取引額の３％以内

↓１００万円（４００万円を超える部分の金額）×３％＝３万円

合計すると、10万円＋８万円＋３万円＝21万円なので、５００万円の物件では21万円が仲介手数料になります。この金額は税別です。

これはあくまでも上限金額なので、仲介または元付け業者との交渉によって値下げすることも可能ではあるのですが、私は今後も優良物件があれば増やしていきたいと思っているので、これからも付き合いがありそうな業者には提示された手数料を支払っています。

不動産登記手数料は、司法書士に登記を依頼する際に発生する手数料です。中古物件の場合は、前の所有者から自分に所有権を移すので**「所有権移転登記」**になります。ちなみに新築物件の場合は「所有権保存登記」になります。

この「所有権移転登記」を依頼する際の相場は3万～7万円といわれています。基本的には司法書士に依頼しますが、できるのでしたら自分で所有権移転登記を行うことも可能です。ただ、専門的な知識や、不備のない書類が必要なので、費用対効果を考えるとこれも専門家に任せたほうがよいでしょう。

火災保険など、何かトラブルがあった時にカバーしてくれる保険料も、物件購入時に支払う必要があります。

物件購入時に納めるべき税金

次に税金です。次の税金を納める必要があります。

- □印紙税
- □不動産登録免許税
- □固定資産税
- □都市計画税
- □不動産取得税

順番に見ていきましょう。

不動産の売買契約書などさまざまな書類に印紙を貼る必要があるので、印紙代が必要になります。印紙の金額ですが、不動産譲渡契約書および建設工事請負契約書に関して、２０２２年3月31日まで税額が軽減されていました。ですので現在は軽減措置がないかと思ってしまいますが、２０２２年度の税制改正により適用期間が2年間延長され、２０２４年3月31日まで軽減措置が延長されることになっています。

金額まで詳しく覚えておく必要はないかと思いますが、数字を確認したい方は国税庁のサイトに掲載されているので確認することができます。

不動産登録免許税は、不動産を取得した際に納める税金です。税額は土地、建物ともに取得した価格の２％が原則となっています。

先ほど説明した中古物件の登記に必要な所有権移転登記の手数料と不動産登録免許税、さらに手続きにかかった実費を司法書士にまとめて支払うことになります。

固定資産税および都市計画税は、基本的に1月1日に土地や家屋などの固定資産を所有している人が納める税金です。１年の途中で売買することがほとんどかと思いますが、この2つの税金を日割り計算して、買主から売主に支払います。

物件を購入した後は、毎年納める必要があります。

最後に、**不動産取得税は、不動産を取得したときにかかる地方税です。**物件を購入してから半年～1年ほど経過したくらいに、自治体から納税通知書が送付されるので、この通知書に記載されている税金を納付します。

この不動産取得税の税額は、固定資産税評価額の３％となっています。こちらも先ほどの印紙税と同様に、標準税率は４％なのですが、２０２４年３月31日まで３％に軽減する措置が取られています。

不動産を売買する際には諸費用と税金がかかります。これらの金額をあらかじめコストに入れてから、利回りを計算して、利益が出るかどうか検討してください。

諸経費と税金を必要経費として利回りを計算しておく。

50 法人を設立して融資を受ける

個人で投資物件の融資を受けるのは難しい

私は基本的に現金で物件を購入することを想定しています。ですが、融資が必ずしもダメだとは考えていません。ここでは、築古物件投資で融資を受ける場合のポイントを紹介しましょう。

自分で住むことを目的として築古物件を購入する場合は問題ありませんが、**投資目的として購入する際に融資を受けるのは基本的に難しいとされています。**

築古物件は物件価値が低く償却期間が短いのと、ロットが小さいというのが想定される理由です。また、今まで融資を受けた実績がない個人だと与信の問題もあるでしょう。

それらをクリアして融資を受けるやり方があります。それは法人を作ることです。

先ほど、節税目的や経費管理をするために合同会社を作ることをお勧めしましたが、**物件購入の融資を受けるためにも法人の設立は非常に有効です。**

いくつかのパターンがあるので、順番に説明していきたいのですが、その前に覚えておいていただきたいことがあります。それは、**融資を受けるのを検討した場合、「最初に行くべきは日本政策金融公庫がベストである」ということです。**

銀行や信用金庫と比べて、日本政策金融公庫は零細企業への融資に力を入れているので、相談にも親身に乗ってもらえますし、審査のハードルも低くなっています。

法人で融資を受ける際のポイント

それでは順番に紹介していきましょう。

まずは物件を所有していないパターンです。この場合、**日本政策金融公庫にて「新**

創業融資制度」を活用することができます。この制度は、新たに事業を始める場合や、事業開始後でも税務申告が2期まで終わっていない場合に使うことができます。

新規で法人を設立して、築古物件投資を事業として行いたい、ということでしたら相談してみましょう。本書を参考にして、**適正な事業計画書を作ることができれば、最初から融資を受けられる可能性は十分あります。**

次に、最初の物件を自己資金で購入して、次の物件購入で融資を受けるパターンです。本書を参考にして、優良物件を購入することができ、客付けもよかった場合は、それが実績になります。**この1件目の実績をもとに、事業計画書を書き上げて融資を受けるというやり方ができます。**

融資を受ける場合、リフォーム代は基本的に借りられないことが多いのですが、**きちんとした事業計画書を作れた場合は、リフォーム代も含めて融資を受けることができる可能性があります。**

また、現在法人として何かしらの事業を行っている場合は、その法人の別事業として融資を受けられる可能性もあります。この場合も日本政策金融公庫か、すでに銀行などで融資の実績がある場合はそちらに相談してみてください。

少しマニアックな知識なのですが、**個人の住居用として貸し出す場合の家賃収入は非課税の売上になります。**このあたりの税金の処理は非常に複雑なので、税理士さんに相談して間違いのないようにしてください。

融資を検討した場合、最初に行くべきは日本政策金融公庫！

おわりに

本書を最後まで読んでいただき、ありがとうございます。

普段は株式評論家として活動させていただいている私が、10年以上にわたって試行錯誤してきた不動産投資のノウハウをうまくまとめられたかと思っています。

不動産投資といえば、多額の融資を受けて高額な物件を購入し、ローンを返済しながら賃料との利鞘を利益にするといった王道の手法、またはボロボロの空き家を格安で手に入れて自分でリフォームして売却するといった手法が主流だと思います。

でも私は、そのどちらでもない築30年ほどの「築古《ちくふる》物件」を投資対象として選びました。

手法として多数派ではないということには、それなりの理由があると思います。融資を受けずに現金で物件を購入するため、ある程度の資金が必要など、少しハードルが高い部分があるのは否定しません。

「人の行く裏に道あり花の山」という相場の格言があります。

私は根っからの株式投資家なのでしょう。多くの人が実践している投資法とは違った手法でこそ、利益が得られると思うのです。

もしあなたが、資金的に余裕があり、地方の情報を集められるなど、本書で解説した築古物件投資で成功する条件に適合するのでしたら、ぜひ挑戦していただきたいと思っています。メガ大家を目指す王道の手法よりもリスクが低く、空き家投資よりもライバルが少ないからです。

もちろん、築古物件投資が簡単に儲かる、というわけではありません。

この投資で成功するためには、きちんと押さえておくべきポイントがあります。多数あるポイントの中でも、私が特に重要だと考えている7つを本書の序章でまとめていますが、ここで改めておさらいしておきましょう。

成功法則1　すべてを費用対効果で考える！
成功法則2　利回り10％以上を必ずキープ！
成功法則3　交渉して物件を割安に購入する！
成功法則4　客付けが有利な物件の条件を知る！
成功法則5　リフォームは生活できるレベルで十分！
成功法則6　信頼できる業者を見つける！
成功法則7　10年で初期コストを回収する！

この7つの成功法則の根底に流れている意識は、「コストをできるだけ下げる」ことと「自分以外の人を効率的に活用すること」です。つまり「費用対効果を考える」ことにほかなりません。

客付けが有利な物件を見つけ出し、値段交渉を行って物件をできるだけ安く購入し、リフォームのコストもシビアに判断します。優良物件を割安で購入できれば、それだけでも投資として有利に運用することができます。

そしてさらに、信頼できる業者を見つけて作業や管理をお願いすることで、自分の時間を確保しながら、ほったらかしで利益を得るという、投資として理想の形を作ることができるのです。

投資に絶対はありませんが、このように失敗しないためのポイントを意識しながら実践することで、リスクを抑えて成功する確率を上げることは可能です。

とはいっても、実際に行動してみると思いもよらない出来事があるのも事実です。そうしたときには、損切り（安値で売却）も含めて、費用対効果を意識して判断を行っていただければと思っています。

初めて不動産投資をしようと思っている方から不動産投資のベテランの方まで、本書を読んで築古物件に興味を持っていただいたすべての方が、優良物件に出会い、安定した利益を得られることを心から願っています。

２０２３年６月

坂本慎太郎

【著者紹介】

坂本慎太郎（さかもと　しんたろう）

こころトレード研究所所長。ハンドルネームは「Bコミ」。大学卒業後、メーカー勤務を経て、日系の証券会社でディーラーとして活躍。その後、大手生命保険会社に転職し、株式、債券のファンドマネジャー、株式のストラテジストを経験。現在は、個人投資家として、日本株を中心に、短期は「板読み」に、中長期は「ファンダメンタルズ」に重きを置いた運用を行う。同時に、為替、商品先物、不動産などの投資も手がける。また、株式評論家としてラジオNIKKEIや日経CNBCなどの投資番組へのレギュラー出演、講演やセミナーなどを行い、人気を博している。著書に、『朝９時10分までにしっかり儲ける板読み投資術』（東洋経済新報社）、『伝説のトレーダーに50万円を１億円にする方法をこっそり教わってきました。』（SBクリエイティブ）などがある。不動産投資については、本書が初めての著書。

ずるい不動産投資

手間暇かけずに毎月50万円の家賃が入ってくる築古区分マンション投資入門

2023年８月８日発行

著　者――坂本慎太郎
発行者――田北浩章
発行所――東洋経済新報社
〒103-8345　東京都中央区日本橋本石町 1-2-1
電話＝東洋経済コールセンター　03(6386)1040
https://toyokeizai.net/

装　丁………萩原弦一郎（256）
イラスト………ひえじまゆりこ
ＤＴＰ………玉造能之（次葉）
印　刷………ベクトル印刷
製　本………ナショナル製本
編集協力……ビーパブリッシング
編集担当……水野一誠

©2023 Sakamoto Shintaro　Printed in Japan　ISBN 978-4-492-73365-3